Clint Callahan

Abenteuer Denken

Clint Callahan

Abenteuer Denken

Zweiundfünfzig Abenteuerreisen zu größeren Möglichkeiten

Genius Verlag

Heidi

Titel des Originals: Wild Thinking

Deutsche Erstausgabe

Genius Verlag

www.genius-verlag.de
info@genius-verlag.de

ISBN 3-934719-16-3

Übersetzung: Marion Krause
Umschlaggestaltung: Kim Johansen (www.BlackDogCo.com)
Lektorat und Layout: Tilman Neubronner
Druck: Finidr, Tschechische Republik (www.finidr.cz)
1. Auflage: Januar 2004

„Klarheit entfacht unstillbare Inspiration.“

Handbuch für Possibility-Manager

INHALT

EINFÜHRUNG 3

WIDMUNG UND DANKSAGUNG 12

ABENTEUER 1 BIS 52 13

ABENTEUER GESAMTVERZEICHNIS 131

WEITERFÜHRENDE ERKUNDUNGEN 133

EINFÜHRUNG

WILLKOMMEN ZU ABENTEUER DENKEN

Dieses Buch wurde für Menschen geschrieben, die mit Menschen arbeiten. Vielleicht sind Sie Manager, Beraterin, Verkäufer, Mutter, Vater, Krankenschwester, Unternehmer, Ehemann, Ehefrau, Therapeutin, Coach, Mediator, Lehrer, Gruppenleiterin oder Verwalter. Sie erzielen in jedem Fall, unabhängig von Ihrer Berufsbezeichnung oder Ihrer Rolle, bessere Ergebnisse, wenn Sie erfolgreich mit anderen Menschen zusammen arbeiten.

Wir servieren Ihnen lauter neue, äußerst verdichtete Ideen darüber, wie Sie erfolgreicher mit Menschen zusammen arbeiten können, in mundgerechten Happen. Wir nennen diese verdichteten Ideen „Abenteuer". Jedes Abenteuer führt uns auf eine Reise in einen neuen Bereich unseres Verstandes.

Der Wert dieser Abenteuer liegt in ihrer Wirkungsweise: Da es sich um gedankliche Kristallisationspunkte handelt, regen sie die Bildung neuer Denkmuster an. Wenn wir lernen, auf eine neue Art zu denken, erhalten wir in jeder Situation mehr Wahlmöglichkeiten für unser Handeln, denn dann können wir anhand derselben Informationen zu neuen Schlussfolgerungen kommen. Anders ausgedrückt: Indem wir anders denken, können wir völlig neue Ergebnisse erzielen, ohne dass sich die Ausgangslage geändert hätte. Wir können unabhängig von unseren Einschränkungen effektiv sein, ungeachtet dessen, wie real diese Einschränkungen uns erscheinen.

Stellen Sie sich vor, Sie nutzen Hindernisse als Türöffner, Konflikte als Einladungen, Probleme als Lösungen und Wissenslücken als Chancen. Die Neuordnung unserer typischen Denkweise und Art der Wahrnehmung eröffnet Wahlmöglichkeiten, die uns vorher unsichtbar waren. Schritt für Schritt schickt uns dieses Buch auf genau diese Reise.

Wenn Sie sich die Klarheit, die diese Abenteuer bieten, zu eigen machen, werden Sie unmittelbar auf beispiellose Möglichkeiten für sich und die Menschen, die Ihnen nahe stehen, stoßen.

WOHER KOMMEN DIESE ABENTEUER?

Die Abenteuer kommen aus dem Bereich des Possibility-Managements. Wie der Name schon sagt, betrachten wir in diesem neuen Feld Möglichkeiten nicht mehr als Mangelware, nach der wir suchen müssen und die wir nur hin und wieder finden. Durch die Werkzeuge und Techniken des Possibility-Managements werden Möglichkeiten genau dann und dort erschaffen, wann und wo sie gebraucht werden, und dann auf die für alle Beteiligten sinnvollste Art gehandhabt.

Possibility-Management wurde im Jahr 1974 von mir begründet. Neunundzwanzig Jahre lang habe ich zusammen mit kleinen Teams im Bereich Forschung und Dokumentation daran gearbeitet, die Art und Weise, wie Realität im alltäglichen Leben erfunden und aufrechterhalten wird, aufzudecken und zu dokumentieren. Verschiedene Vorgehensweisen zur Erschaffung von Realität wurden herausgearbeitet, standardisiert, benannt, zu Werkzeugen geformt und wiederholt getestet. Seit 1998 bilde ich Menschen darin aus, diese Werkzeuge zur Neudefinition der Realität gezielt anzuwenden, um damit für sich selbst wie für ihr privates wie berufliches Umfeld effektiver die gewünschten Ergebnisse zu erzielen. Heute verwenden Tausende von Menschen die Werkzeuge und Techniken des Possibility-Managements.

Indem Sie sich auf die Abenteuer in diesem Buch einlassen, werden Sie eine gute Einführung in das Gebiet des Possibility-Managements erhalten. Ob am Arbeitsplatz oder im Privatleben, immer sind Sie Führungskraft und Teammitglied in einem, sobald Sie in irgendeiner Weise mit anderen Menschen zusammenarbeiten.

NEUARTIGE PROBLEME

Betrachten Sie beispielsweise die heutige Geschäftswelt. Noch vor einem Jahrzehnt war Firmentreue das Rückgrat der industriellen Produktivität. Auf jeder Ebene des Unternehmens konnte man bei den Angestellten darauf zählen, dass sie über die Dauer ihrer beruflichen Karriere mehr einbrachten, als sie kosteten. Heute haben viele Arbeitnehmer bereits innerlich aufgegeben. Arbeiter und Manager machen sich nichts mehr aus ihrer Firma, denn die ständig drohende Gefahr einer plötzlichen Entlassung gibt ihnen das Gefühl, dass sich die Firma auch nichts aus ihnen macht. Innerlich haben sie bereits gekündigt.

Führungskräfte und Manager sichern sich ihren Arbeitsplatz häufig durch neu erworbene „Talente“ wie Unbestimmtheit, Vermeidung von Verantwortung, Verzögerung von Entscheidungen und das Verstecken hinter Lenkungsausschüssen, Vorständen und Koalitionen. Welche Möglichkeiten bietet hier Possibility-Management?

NEUARTIGE LÖSUNGEN

Die größte Ressource, die Ihnen zur Lösung von Problemen und zum schnellen und kreativen Reagieren auf neue Situationen zur Verfügung steht, liegt in der intellektuellen Vielfalt und Tiefe Ihrer Mitmenschen. Im oben genannten Beispiel wäre ein Abbau von Arbeitsplätzen aufgrund einer schwierigen Geschäftslage eine unnötige und schmerzhafte Verschwendung dieser Ressourcen. Die Entlassung engagierter Arbeitnehmer käme der Demontage von Gebäuden und technischen Ausstattungen eines voll funktionstüchtigen, operationsbereiten Kraftwerks wegen mangelnder Leistung gleich, nur weil Sie das Steuerungssystem nicht richtig bedienen können.

Sie und Ihre Mitmenschen besitzen das Potenzial, jedes Problem zu lösen und aus jeder Gelegenheit eine für alle Beteiligten vorteilhafte Situation zu erschaffen. Das einzige, was Sie dazu benötigen, sind die richtigen Werkzeuge für diese Aufgabe.

Possibility-Management liefert diese Werkzeuge. Durch Possibility-Management erhalten Sie psycho-soziale Fähigkeiten, die Sie in jedem Umfeld zu einer exzellenten Führungskraft und einem verantwortungsvollen Teamspieler werden lassen. Durch die neuen Werkzeuge wird Ihr volles Potenzial und das Ihrer Mitmenschen freigesetzt und nutzbar gemacht. Dieses Buch ist kein Lehrbuch über Possibility-Management, es ist vielmehr eine Werkzeugkiste voller neuer und effektiver „Soft Skills" (sanfter Fertigkeiten) aus dem Possibility-Management, die Sie begeistern werden.

WO SIND DIE NEUEN FÜHRUNGSKRÄFTE?

Wo sind sie, die mutigen Individuen, die ihren Verstand neu strukturieren, ihre menschliche Software auf den neuesten Stand bringen und traditionellen Verhaltensmustern den Rücken kehren, um Probleme auf neuartige Weise zu lösen?

Ob Sie es glauben oder nicht, aber einer von ihnen hält gerade dieses Buch in der Hand. Diese Einführung bereitet Sie darauf vor, völlig neue Arten der Zusammenarbeit mit Menschen kennen zu lernen. Wenn Sie bis hierhin gelesen haben, können Sie sicher sein, dass Sie bereits einige essentielle Führungsqualitäten besitzen, ob Sie das von sich selbst wussten oder nicht.

Dieses Buch würde Sie nicht *im mindesten* interessieren, wenn Sie nicht bereit wären, den eisernen Griff Ihres Verstandes, der jetzt Ihre Realität beherrscht, zu lockern. Dass Sie überhaupt so weit gelesen haben, macht deutlich, dass allein das Wissen um die Existenz von Landkarten, die Sie in neue Gebiete führen, Sie schon in Spannung versetzt. Bei der Erforschung dieser Gebiete werden Sie wahre Geschenke entdecken, die Sie mitnehmen und mit Ihren Mitmenschen teilen können. Allein durch die Tatsache, dass Sie nach neuen Wegen suchen, um Ihre Ideen und Projekte zum Erfolg zu führen, beweisen Sie bereits Ihre Führungsqualitäten: Führungspersönlichkeiten sind diejenigen, die den ersten Schritt tun.

WIE ERÖFFNET IHNEN DIESES BUCH NEUE MÖGLICHKEITEN?

Dieses Buch gibt Ihnen neue Möglichkeiten, indem es Ihnen neue Meme gibt. Mem ist ein relativ neues Wort, das 1976 von R. Dawkins, einem britischen Biologen, kreiert wurde. Um zu verstehen, was ein Mem ist, können wir es mit dem Wort Gen vergleichen. So wie Gene die grundlegenden Funktionsanweisungen für die Gestaltung unseres Körpers sind, sind Meme die grundlegenden Funktionsanweisungen, welche die Ausprägung unseres Verstandes bestimmen.

Wir haben die Tendenz, unsere Meme dem gleichen Modell nachzubilden, von dem wir auch unsere Gene erhalten: dem Modell unserer Eltern. Eine Vielzahl der Meme, die unser heutiges Denken bestimmen, wurde von Generation zu Generation über Hunderte, wenn nicht gar Tausende von Jahren weitergegeben. Die Integration neuer Meme verleiht uns Fähigkeiten, die wir uns aus der Sicht der alten Meme nicht einmal vorstellen konnten.

Neue Meme zur Freisetzung des Potenzials in Organisationen stehen zur Verfügung, aber sie befinden sich noch nicht im allgemeinen Umlauf. Warum nicht?

Ohne es zu wissen, haben wir geübt, uns gegen Veränderung zu schützen. Da unsere Verteidigungsmechanismen so effektiv sind, haben wir uns daran gewöhnt, ein enormes Maß an Mittelmäßigkeit in unseren Unternehmen, in unseren Beziehungen und in unserem Leben zu ertragen. Wir tolerieren Mittelmäßigkeit, weil wir nicht wissen, dass es auch etwas anderes gibt. Dieses kleine Buch stellt neue Meme für Sie bereit und gibt Ihnen damit die Chance, sich selbst zu beweisen, dass Sie das Außergewöhnliche möglich machen können.

WIE FUNKTIONIERT ABENTEUER DENKEN?

Jedes Abenteuer beginnt mit einer Entdeckung. Entdeckungen sind keine Aphorismen, Plattheiten, Meinungen oder so genannte Worte der Weisheit. Entdeckungen sind revolutionäres Wissen in seiner konzentriertesten Form. Da eine Entdeckung dermaßen verdichtet ist, kann unser Verstand sie nicht verdauen. Stattdessen verdaut die Entdeckung unseren Verstand.

Wir können keine neuen Ergebnisse erzielen, wenn wir weiterhin so denken, wie wir es bisher getan haben. Der Umkehrschluss hingegen ist noch interessanter: Wenn wir es auf irgendeine Weise schaffen, unsere Denkweisen und Denkmuster zu verändern, werden wir automatisch damit beginnen, neue Resultate hervorzubringen. Sobald wir ein „Aha!“-Erlebnis haben, bei dem eine Entdeckung unseren Verstand neu strukturiert, beginnen wir auf eine neue Art zu denken.

WAS IST UNTER REVOLUTIONÄREM WISSEN ZU VERSTEHEN? (WARNUNG!)

Revolutionäres Wissen ist das Wissen über Wissen – das Nachdenken über das, womit wir denken. Revolutionäres Wissen ist grundlegend, weil es, sogar wenn wir nur ein kleines Teilstück von revolutionärem Wissen in unser Denken integrieren, die Kraft besitzt, unsere gesamte Denkstruktur neu zu ordnen. Eine neue Denkstruktur erschafft neue Abläufe zwischen uns und der Welt, in der wir leben.

Die Begegnung mit revolutionärem Wissen bringt Unruhe in Teilbereiche unseres Denkens, von denen wir niemals vermutet hätten, dass sie in Unruhe versetzt werden können. Durch die neuen Perspektiven werden Dinge auseinander genommen, von denen wir nie geahnt hätten, dass sie zerlegbar seien. Revolutionäres Wissen setzt sie dann wieder auf neue Art und Weise zusammen; eine Art, die uns mehr Möglichkeiten, mehr Beweglichkeit und gleichzeitig mehr Verantwortung gibt.

Es spielt keine Rolle, wie alt Sie sind, welchen Beruf Sie ausüben, worin Ihre bisherige Ausbildung bestand oder als was Sie sich selbst bezeichnen – die in diesem Buch enthaltenen Ideen werden Ihren Geist neu verkabeln. Mit diesem Buch laden Sie eine neue menschliche Software in Ihren Kopf herunter, und zwar eine Version, die Ihre alten Versionen überschreibt. Wenn Sie Ihre gegenwärtige Ideenwelt mögen und sie nicht verändert wissen wollen, warnen wir Sie: *Lesen Sie dieses Buch nicht.*

WIE WENDE ICH DIESES BUCH AN?

Jedes Denk-Abenteuer besteht aus drei Teilen: Zuerst kommt die eigentliche Entdeckung. Dann legt eine Erläuterung die Bedeutung der Entdeckung so dar, dass die verblüffenden Schlussfolgerungen aus dem darin verschlüsselten revolutionären Wissen aufgedeckt werden. Und drittens warten spezifische praktische Experimente auf Sie, um das revolutionäre Wissen in alltäglichen Situationen anzuwenden. Mit der Durchführung der Experimente üben wir uns darin, Gewöhnliches in Außergewöhnliches zu verwandeln.

Dieses Buch enthält zweiundfünfzig Abenteuer, eines für jede Woche in einem Jahr. Beginnen Sie mit Abenteuer Nummer eins. An jedem Montagmorgen lesen Sie das nächste Abenteuer und üben dann, indem Sie die Experimente in dieser Woche durchführen. Wir schlagen vor, dass Sie niemandem erzählen, dass Sie Experimente durchführen. Machen Sie keine große Sache daraus. Experimentieren Sie einfach.

SEIEN SIE REALISTISCH!

Niemand liest ein Jahr lang jede Woche eins von zweiundfünfzig Abenteuern! Das ist uns bereits klar. Niemand führt jemals alle Experimente wirklich durch! Das erwarten wir auch nicht von Ihnen, und wir empfehlen Ihnen, das auch nicht von sich selbst zu erwarten.

Der Lernprozess, auf eine neue Art zu denken, braucht Zeit. Seien Sie behutsam und geben Sie sich diese Zeit. Tun Sie nur das, was Ihnen möglich ist. Wenn es Ihnen gelingt, in diesem Jahr auch nur mit einigen neuen Ideen zu arbeiten, ist das bereits großartig.

Mit jedem Abenteuer tun sich neue Perspektiven für Sie auf. Innerhalb kürzester Zeit können manche Dinge für Sie völlig anders aussehen. Andererseits kann es eine Weile dauern, bis Sie sich an das, was Sie sehen, gewöhnt haben. Lassen Sie, wenn nötig, eine Zeitlang die Zügel locker und fangen Sie dann noch mal von vorne an. Versuchen Sie nicht, übertrieben streng mit sich zu sein.

Wenn Sie bemerken, dass ein paar Tage verstrichen sind, ohne dass Sie experimentiert haben, dann ist genau dieser Moment der Zeitpunkt, an dem Sie wieder für Experimente bereit sind. Wenn ein paar Wochen vergangen sind, ohne dass Sie ein Abenteuer gelesen haben, dann ist es an der Zeit, wieder mit dem Lesen der Abenteuer anzufangen.

Nur weil Sie in der vergangenen Minute nicht mit Ideen aus dem Possibility-Management gearbeitet haben, bedeutet das nicht, dass Sie in der nächsten Minute auch nicht mit ihnen arbeiten können. Es herrscht ein unermesslicher Überfluss an Möglichkeiten.

FACHSPRACHE

Wir benutzen in diesem Buch neun Begriffe, deren Bedeutung in dem jeweiligen Zusammenhang Sie in keinem normalen Wörterbuch finden werden. Sie lauten:

- Box
- Possibility-Management
- Niederes Drama
- Gremlin
- Hohes Drama
- Possibility-Manager
- Bestimmung
- Raum halten
- Spielwelt

Diese Begriffe werden in den Abenteuern definiert und verwendet; Sie werden sie also anhand Ihres praktischen Umgangs kennen lernen. Wir verwenden diese Wörter, weil sie uns helfen, auf eine neue Art und Weise zu denken.

NEUES HANDELN

Es ist eine Form des Wahnsinns zu glauben, wir könnten neue Resultate erzielen, wenn wir ständig auf die gleiche Art und Weise handeln. Wenn wir neue Ergebnisse erhalten möchten, müssen wir neue Verhaltensweisen an den Tag legen.

Wir verhalten uns gemäß unserer Denkweise. Wir denken gemäß unserer geistigen Denkmodelle oder Landkarten. Abenteuer Denken bringt unsere mentalen Landkarten auf den neuesten Stand, sodass wir andere Verhaltensweisen annehmen und zu neuen Ergebnissen gelangen können.

Seien Sie demzufolge nicht allzu überrascht, wenn Sie sich selbst in Kürze dabei ertappen, dass Sie neue Gedanken hegen, neue Entscheidungen treffen, neue Sätze formulieren und aussprechen oder neue Schritte unternehmen. Das kann sich anfangs etwas merkwürdig anfühlen.

Da die Situationen, die Sie für sich selbst und andere erschaffen, voller Möglichkeiten stecken, erscheinen sie Ihnen vielleicht ungewöhnlich, da sie Ihnen vielleicht noch nicht vertraut sind. Vielleicht erkennen Sie sich in manchen Augenblicken selbst nicht wieder. Da Ihnen die erzielten Resultate aber besser gefallen, werden Sie sich an das Neue leicht gewöhnen.

Berücksichtigen Sie jedoch, dass Ihre ursprünglichen Denk- und Verhaltensweisen nicht einfach verschwinden. Abenteuer Denken schenkt Ihnen Wahlmöglichkeiten, die Sie vorher nicht hatten. Nachdem Sie sich auf ein Abenteuer eingelassen haben, können sie sich für die alte Denk- und Verhaltensweise entscheiden oder für die neue.

EINS, ZWEI, DREI, LOS!

Sie benötigen keine weiteren Anleitungen, um dieses Buch benutzen zu können.

Fangen Sie also einfach an. Es funktioniert tatsächlich. Lassen Sie mich wissen, wie es Ihnen dabei ergeht.

Mein Ziel ist es, Ihnen dazu zu verhelfen, unerschrockener, beziehungsfähiger und effektiver mit Ihren Partnern, Ihrer Familie, Ihren Kollegen, Ihren Vorgesetzten und Ihren Kunden zusammenzuarbeiten. Wenn dieses Buch dazu beiträgt oder falls Sie Anregungen für eine Verbesserung dieses Buches haben, würde ich mich sehr freuen, von Ihnen zu hören. Ich lese und schätze jedes Feedback (bzw. seine Übersetzung durch meine MitarbeiterInnen) persönlich. Meine Anschrift lautet:

Possibility-Manager Network GmbH
z. Hd. Clint Callahan
Gistlstr. 115 c
D-82049 Pullach

clint@p-m-n.de

Viel Glück und viel Spaß beim Abenteuer Denken. Möge es Ihr Leben und das der Menschen um Sie herum mit neuen Möglichkeiten bereichern.

Clint Callahan

WIDMUNG UND DANKSAGUNG

Dieses Buch ist all denjenigen gewidmet, die den Schritt ins Unbekannte wagen und die nur mit unverfälschtem Mut Klarheit und neue Möglichkeiten zum Wohle anderer erschaffen.

Mein spezieller Dank gilt:

- Robin Berryman, der sich, ohne zu zögern, als erster freiwillig meldete, um ernstlich an diesem Projekt mitzuarbeiten;
- Sue Nestrud, die einen Scheck für ein Email-Abonnement für die Abenteuer ausstellte, noch bevor diese überhaupt geschrieben waren, und damit eine eindeutige Notwendigkeit kreiert hat;
- Robert A. Heinlein, der mir, als ich ihn fragte, welches von all seinen jemals geschriebenen Büchern sein Lieblingsbuch sei, zur Antwort gab, sein Lieblingsbuch sei immer das, an dem er gerade schreibt;
- allen, die sich in all diesen Jahren unseren Possibility-Management-Laboratorien anvertraut haben, so dass wir gemeinsam daran arbeiten konnten, herauszufinden, was funktioniert und was nicht funktioniert;
- den vielen unermüdlichen ÜbersetzerInnen und HelferInnen, die gemeinsam daran gearbeitet haben, Abenteuer Denken in Deutsch zur Verfügung zu stellen, darunter Meike und Jürgen Holland, Marion Krause und Hans-Gerd Krause, Heike Spes, Annette Reiche, Janine Tan, Kai-Alexander Wiedey, Hans-Martin Fink, Dagmar und Tilman Neubronner;
- sowie Brindavan, meiner Frau und wahren Liebe, die eine Kerze anzündet, damit ich spätabends nach einem harten Tag Arbeit als Realitäts-Zerhacker meinen Weg nach Hause finde.
- Dieses Buch ist besonders und uneingeschränkt Lee Lozowick gewidmet. Er dient Prinzipien, die größer sind als er selbst, als ein inspirierendes Beispiel dafür, dass etwas völlig anderes möglich ist als das, was in diesem Moment ist. Du bist gütig, großzügig, mitfühlend, eine endlose Quelle strahlender Klarheit und der wahre Ursprung dieses Buches. Ich danke dir, dass du vor so vielen Jahren dieses eine große Wort zu uns gesagt hast: „Ja“.

ABENTEUER 1

Entdeckung: Wir haben eine Box.

Bedeutung: Die Box ist unsere persönliche Auffassung von der Realität. Sie bestimmt, wie wir die Welt verstehen und mit ihr in Beziehung treten. Wir mögen sie Weltsicht, Paradigma, Glaubenssystem, Verteidigungsmechanismus, Überlebensstrategie, unsere Komfortzone, unser Ego oder unsere Persönlichkeit nennen, aber der Einfachheit halber werden wir sie hier unsere Box nennen.

Die Box besteht aus miteinander verwobenen Glaubenssätzen, Geschichten, Annahmen, Erwartungen, Gründen, Meinungen, Vorlieben, Einstellungen, Entscheidungen, Ideen und Modellen. Die Box beantwortet für uns die Fragen: „Wer bin ich?", „Wer sind diese anderen Menschen?" und „Was mache ich an einem Ort wie diesem mit Menschen wie denen?" Die Box gibt uns eine Identität.

Sie ist ein Produkt unserer eigenen Vorstellungskraft, und sie ist unsere schönste und meistgeliebte künstlerische Kreation. Wir haben unsere Box weder von unseren Eltern geerbt – obwohl wir uns vielleicht ähnliche Bestandteile ausgesucht haben – noch wurde unsere Box durch Ereignisse oder Umstände geformt. Trotzdem gäben wir vielleicht lieber unserem Umfeld die Schuld daran, wie wir sind.

Da uns das Innere unserer Box vertrauter ist als unser eigenes Wohnzimmer, nehmen wir es nur mehr undeutlich wahr. Jemand anderes könnte Dinge in unserem Wohnzimmer umstellen, ohne dass wir es merken, in unserer Box könnte uns das niemals passieren! Wir vergessen, dass unsere Box vorhanden ist, wie die Fische das Wasser in ihrem Aquarium vergessen. Wir leben im Zentrum unserer Box, da es in den Randbereichen für uns unangenehm werden kann, und wir umgeben uns mit Menschen und Umständen, die keine Bedrohung für unsere Box darstellen. Das erlaubt uns, in der Illusion zu leben, es gäbe keine Box. So schlau ist der boxeigene Verteidigungsmechanismus.

Die einzige für uns unsichtbare Box ist unsere eigene. Jede andere Box können wir sehen, und jeder andere kann unsere

Box sehen. Manchmal sind die Boxen anderer Menschen der unseren sehr ähnlich. Wir nennen diese Menschen dann unsere Freunde.

Experiment: Stelle dir vor, der Raum, in dem du dich jetzt befindest, ist deine Box. Beobachte, womit du deine Box angefüllt hast, um dich behaglich und sicher zu fühlen und was dir dabei hilft, dich als dich selbst zu erkennen? Fotos, Andenken, Lieblingsbücher, bedeutungsvolle Gegenstände, Kunstobjekte und so weiter. In den nächsten Minuten kannst du grundlegende Bestandteile deiner Box identifizieren oder auflisten, indem du dir die folgenden Fragen beantwortest: Was mag ich? Was mag ich nicht? Was macht mich glücklich? Was macht mich wütend?

Nachdem du so die Grenzen deiner Box identifiziert hast, stelle dir vor, wie groß sie ist, verglichen mit dem Rest der Welt. Ist deine Box darauf ausgerichtet, die Welt auszuschließen oder dich gegen sie abzugrenzen?

Sobald wir uns vorstellen können, dass die Box existiert, gewinnen wir eine neue Perspektive. Wir erhaschen einen Blick von außen auf unsere Box. Diese (schockierende) neue Sichtweise erlaubt uns, unsere Box beim Namen zu nennen. Wir können unsere Box nur dann mit Box benennen, wenn wir sie von außen betrachten. Die Ansicht, dass etwas anderes möglich ist als das, was unsere Box vorgibt, bewirkt eine Veränderung. Es ändert das Ziel unserer Box von Verteidigung auf Expansion. Diese neue Sichtweise enthüllt, dass unsere Box expandieren kann. Wir bekommen Zugang zu neuen Umgangsweisen mit Menschen und Situationen, weil wir sehen, dass Menschen Situationen erschaffen und dem Diktat ihrer Box gehorchen.

Verbringe diese Woche jeden Tag einige Minuten damit, im Detail darauf zu achten, welche Eigenschaften die Boxen haben, die andere Menschen sich geschaffen haben, und wahrzunehmen, wie deine Box auf ihre Box reagiert.

ABENTEUER 2

Entdeckung: Wir sind nicht unsere Box.

Bedeutung: (Diese Entdeckung ist schwer zu verstehen. Ihre Entschlüsselung greift fast auf Gebiete über, die der Philosophie und Religion angehören. Wir schlagen vor, dass du den folgenden Text als technische Beschreibung betrachtest und herausfindest, wie du die entsprechenden Werkzeuge nutzen kannst. Nachdem du ein paar Mal die Methoden zur Neuerfindung der Wirklichkeit angewendet hast, kannst du immer noch die philosophischen Schnörkel herausarbeiten, falls du es dann noch willst.)

Unser Körper scheint der Brennpunkt unseres Bewusstseins zu sein. Als Kinder finden wir heraus, dass wir den Körper veranlassen können, sich zu bewegen und zu sprechen. Wenn unser Körper weh tut, fühlen „wir" das. Es klingt sehr plausibel, dass wir uns mit unserem Körper identifizieren. Wenn wir dann unsere Box aufbauen und die Box sagt „Ich denke" und „Ich fühle" und „Ich will", verbinden wir unsere Box mit unserem Körper und machen beides gemeinsam zu unserer Identität.

Wir vermischen die körperlichen Bedürfnisse mit denen der Box und sagen: „Ich brauche..." Wenn ich so etwas sage, klingt das eigentlich anmaßend und kühn. Andererseits ist es eine drastische Geste, um die Notwendigkeit der Identifikation in Frage zu stellen.

Die Entdeckung „Ich bin nicht meine Box" bedeutet gleichzeitig „Ich bin nicht mein Körper". Viele Menschen sind eher in den Tod gegangen, als dass sie diese Identifikation aufgegeben hätten. Denke nur an Königin Marie Antoinette, die für ihre Flucht aus Frankreich unbedingt neue Kleider mitnehmen „musste", deren Herstellung geheime Pläne verriet und schließlich zu ihrem Untergang führte.

An dieser Stelle solltest du dich fragen: „Also gut. Wenn ich nicht meine Box bin, wer bin ich dann?" Auf diese Frage werden wir jetzt nicht eingehen. Stattdessen fahren wir fort und eignen uns weiteres revolutionäres Wissen an.

Durch praktische Anwendungen dieses Wissens wirst du forschend einen Erfahrungsschatz ansammeln, der die Frage überflüssig macht. Die Suche nach einer festen Identität ergibt nur innerhalb einer Box einen Sinn, die versucht, sich gegen jede Erweiterung zu verteidigen.

Experiment: Die Entdeckung „Wir sind nicht unsere Box" wird außerordentlich nützlich, sobald du sie umkehrst und auf die Menschen anwendest, die dir in der Arbeit oder zu Hause am nächsten stehen.

Wir reagieren auf andere, weil wir ihre unerfreulichen Äußerungen, denen wir begegnen, persönlich nehmen. Wir reagieren darauf, weil wir denken, dass „die anderen" „uns" „das" antun.

Wenn wir aber zwischen dem anderen Menschen und seiner Box unterscheiden, dann haben wir Möglichkeiten der Kommunikation und Kontaktaufnahme, die uns vorher nicht zur Verfügung standen.

Wir können neu beginnen. Wir müssen nicht mehr annehmen, dass das Unangenehme von diesem anderen Menschen kommt. Stattdessen können wir sehen, dass unsere Box einfach auf seine Box reagiert und dies mit den „unerfreulichen Äußerungen" begründet. Ganz plötzlich ist der oder die andere nicht länger der Bösewicht oder der Held, sondern einfach ein Mensch, dessen Box bestimmte vorhersagbare, mechanische Verhaltensweisen aufweist.

An diesem Punkt beginnt das Experiment: Höchstwahrscheinlich wirst du innerhalb der nächsten Minuten jemand anders oder dich selbst kritisch beurteilen. Sage dir genau in dem Moment, bevor du eine negative Geschichte erfindest: „Die anderen sind nicht ihre Box! Und ich bin nicht meine Box!" Achte darauf, wie du nun empfindest.

ABENTEUER 3

Entdeckung: Jedes zwischenmenschliche Problem wird durch die Erwartung verursacht, dass der Andere immer anders sein sollte als seine Box.

Bedeutung: Wenn wir aufhören, von anderen zu erwarten, dass sie sich ändern, werden wir keine zwischenmenschlichen Probleme mehr haben. Das schließt Beziehungen zu unseren Kollegen, Vorgesetzten, Team-Mitgliedern, Eltern, Kindern, unserem Ehepartner und so weiter mit ein. Selbst wenn unsere Erwartungen vollkommen gerechtfertigt sind, engen sie uns ein.

Wir denken vielleicht: „Wenn jemand Unordnung verursacht, erwarte ich von ihm, dass er wieder aufräumt!" „Wenn mir jemand ein Versprechen gibt, erwarte ich von ihm, dass er sein Wort hält!" „Wenn jemand eine Aufgabe übernimmt, erwarte ich, dass er dafür Verantwortung übernimmt!" Diese Erwartungen scheinen sehr vernünftig zu sein. Aber ein Possibility-Manager erkennt den Mechanismus von Erwartungen als eine von ihm selbst erzeugte Falle und kann es sich nicht länger leisten, dort hineinzutappen.

Die Falle der Erwartung ist folgende: Die Erwartung hält Fantasie für Realität. Die Menschen sind, was sie sind, und sie sind nicht, was sie nicht sind. Jeder von uns besitzt eine Box, und die Box ist die Box. Die Erwartung, dass Dinge anders sein sollten, ist eine Fantasie. Wie verlockend sie auch sein mag, Fantasie bleibt Fantasie.

Es stimmt, dass wir nicht unsere Box sind, und es stimmt auch, dass wir uns mit unserer Box identifizieren. Die Verschiebung hin zu einer veränderten Identität bedeutet die Beherrschung des Possibility-Managements auf sehr hohem Niveau. Das erfordert ebenso viel Erfahrung und Übung wie das Autofahren. Von einem Menschen zu erwarten, dass er anders handelt, als es ihm seine Box diktiert, ist genauso, als würde man in eine Mauer aus Ziegelsteinen fahren in der Erwartung, es sei eine Straße: Das ist zwar möglich, aber nicht wahrscheinlich.

Experiment: Wähle aus, mit welcher deiner Beziehungen du dieses Experiment durchführst. Sage der betroffenen Person nicht, was du tust. Fange damit an, deine Gedanken sehr aufmerksam zu beobachten und denke dann über diese Person nach. Achte auf die Geschichten, die du in deinem Verstand über diese Person erzeugt hast und zwar als Ergebnis davon, dass sie nicht die Erwartungen erfüllt hat, die du an sie gestellt hast. Betrachte die Vorfälle, an die du dich erinnerst. Sei wachsam und genau. Mache weiter, bis du eine komplette Einschätzung über die Qualität der Beziehung hast, die du durch Erwartungen geschaffen hast.

Dann erwäge, die Erwartungen zu löschen, eine nach der anderen. Stelle dir vor, wie es wäre, diese Beziehung ohne Erwartungen zu führen. Wenn du keine Erwartungen mehr hast, dann ist das, was die andere Person tut, das, was sie tut, und du kannst mit der Person in der Gegenwart leben anstatt mit deinen unerfüllten Erwartungen über das, was sie tun oder nicht tun sollte.

Welche Erfahrungen würde die andere Person mit dir machen in einer Beziehung, die frei von deinen Erwartungen ist? Würde sie anfangen, sich akzeptiert zu fühlen? Würde sie anfangen, sich respektiert zu fühlen?

ABENTEUER 4

Entdeckung: Alles, was passiert, ist neutral.

Bedeutung: Wenn etwas ist, dann ist es einfach. Seine Existenz hat keine Bedeutung. Wenn etwas geschieht, dann geschieht es einfach. Das Geschehen bedeutet nichts. Es gibt keine automatische Verbindung zwischen dem Umstand, ob etwas ist oder nicht ist, ob etwas geschieht oder nicht geschieht und jeder Art von Bedeutung, die wir dem Umstand beimessen. Die Bedeutung ist nichts Automatisches, egal wer oder was betroffen ist. In der Natur gibt es keine Bedeutung. Alles ist dem Ursprung nach neutral. Bedeutung ist eine Schöpfung des menschlichen Verstandes und hundertprozentig unabhängig von Umständen.

Jedem Ereignis kann jede mögliche Bedeutung gegeben werden. Dies erscheint uns natürlich nicht so. Wir erfahren Bedeutung als bedeutungsvoll. Und hier folgt die Begründung: Wir haben unsere Box als unsere wichtigste und älteste Überlebensstrategie erschaffen. Da wir immer noch am Leben sind, ist es offensichtlich, dass unsere Überlebensstrategie funktioniert (denn wenn sie nicht funktionieren würde, dann wären wir tot!). Deshalb gehört es entscheidend zu dieser Überlebensstrategie, dass unsere Box vor allem sich selbst erhalten muss (in der Annahme, dass unsere Box, wenn sie sich erhalten kann, auch uns erhalten kann).

Um sich zu erhalten, hat sich unsere Box als Vermittler zwischen uns und der Welt gestellt. Daraus resultiert, dass wir die Welt nicht direkt als die Welt erfahren, die sie ist. Was wir auch erfahren, immer wurde es bereits von unserer Box gefiltert, zensiert und verändert („um uns zu schützen"). Was auch immer wir zum Ausdruck bringen wurde bereits überarbeitet, formuliert und von der Box neu verpackt („zu unserem eigenen Besten"). Die Box setzt Dinge in ein gewisses Licht, gibt ihnen einen gewissen Anstrich und fügt Propaganda hinzu. Die Box politisiert die Erfahrung, gibt den Dingen Namen und gebraucht Gründe, Emotionen, Kritik und Interpretationen, um die Neutralität in gut/schlecht, richtig/falsch, Freund/Feind, überlegen/unterlegen usw. zu polarisieren. Dies hält uns in unserer Box, packt alles andere in seine jeweilige Box, schließt Optionen aus und entfernt Möglichkeiten aus unserer Welt. Für einen Possibility-Manager jedoch sind Möglichkeiten wesentlich, daher strebt ein Possibility-Manager nach Neutralität. Egal, wie es scheint, alles, was geschieht, ist neutral.

Experiment: Erkunde, auf welche verschiedenen Arten deine Box allem, was passiert, eine Bedeutung verleiht. Verbringe einige Zeit damit, genau zu beobachten, wie die Zuordnung von Bedeutung bei deiner Box funktioniert. Wenn etwas passiert, dann verlangsame dein Tempo. Beachte, dass deine Box den meisten Dingen, die passieren (tickende Uhren, vorbeifliegende Flugzeuge, klingelnde Telefone, jemand, der die Nase hochzieht, bellende Hunde usw.) keine Bedeutung beimisst. Die Box wählt bestimmte Ereignisse aus und benutzt dann kleine Indizien, um hochwichtige Bedeutungen für diese Ereignisse herauf zu beschwören, wie es ihr passt. Achte darauf, mit welchen Sätzen deine Box einem Ereignis eine bestimmte Bedeutung anhängt. (Das klingt zum Beispiel so: Wie unverschämt! Wie gedankenlos! Was für ein Blödmann! Denen bin ich völlig egal! Das ist nicht fair! Das ist falsch! Wie dumm! Das ist nicht okay! und so weiter).

Dann verbringe absichtlich 15-30 Minuten mit jemandem, der dazu neigt, bei deinen Bewertungsknöpfen „auf den Auslöser zu drücken". Das Experiment besteht darin, für diese Zeitspanne probehalber einmal alles wertungsneutral zu belassen. Was deine Versuchsperson auch sagt, was sie auch tut, ordne dem keine Bedeutung zu. Nach Ablauf der festgelegten Zeit danke der Person, dass sie mit dir zusammen war und ziehe dich dann zurück. Überprüfe anschließend dein Energieniveau. Hast du mehr oder weniger Energie, um das zu erschaffen, was dir wirklich wichtig ist?

ABENTEUER 5

Entdeckung: Wir sind *immer* schöpferisch.

Bedeutung: Wir müssen es nicht erst lernen, Dinge hervorzubringen. Wir tun praktisch nichts anderes.

Das meiste, was wir erschaffen, liegt jedoch außerhalb unserer Wahrnehmung. In der Regel erkennen wir nicht, dass wir gerade jetzt dabei sind, etwas zu erschaffen. Wir denken, dass wir manchmal etwas erschaffen, zum Beispiel wenn wir „kreativ sind" oder ein „Problem lösen".

Aber ziehe einmal die Möglichkeit in Betracht, dass wir immer etwas erschaffen. Jede Geste ist kreativ. Wir erschaffen mit unseren Worten und mit der Art, wie wir sie aussprechen (Lautstärke, Stimmlage, zeitliche Abstimmung). Wir kreieren mit den unausgesprochenen Worten, (mit dem, was wir „aus Versehen" vergessen zu sagen, mit dem, was wir auslassen). Wir kreieren durch das Ausrichten unserer Aufmerksamkeit (gänzlich oder teilweise) und durch unseren Blick, den wir werfen (wenn auch nur flüchtig). Wir erschaffen durch unseren Gesichtsausdruck, durch die Art wie wir sitzen (ruhig oder in Bewegung, Kopf aufrecht oder geneigt, vor- oder zurückgelehnt). Wir erschaffen durch unsere Atmung (gähnen, seufzen, husten), durch die angespannte oder entspannte Haltung unserer Schultern, unseres Gesichtes, unseres Rückens.

Jeder Gedanke ist kreativ. Jedes Gefühl ist kreativ. Wir erschaffen durch Schlussfolgerungen, durch versteckte Andeutungen, durch unser Verhalten und unsere Stimmung. Was ist es, das wir da ständig hervorbringen? Wir erschaffen die Realität – gemäß unserer Box.

Wie wir stehen, wie wir uns kleiden, wie wir gehen, wie wir Räume durchqueren und wie wir mit unseren energetischen Wechselwirkungen mit Menschen, Gegenständen und Umständen umgehen, all das sind Gesten, die für uns eine Box-freundliche Realität erschaffen. Ob wir einen Stift auf den Tisch legen, wohin wir ihn legen und wie wir ihn hinlegen – wir erschaffen eine Realität.

Bei anderen Menschen kennen wir das. Wir wissen, dass jede winzigste Geste auf uns wirkt und den sie umgebenden Raum beeinflusst. Weniger klar ist uns vielleicht, dass wir die Möglichkeiten unserer eigenen Realität durch genau die gleichen subtilen Gesten eingrenzen.

Experiment: Verlangsame deine Bewegungen oder erhöhe deine Aufmerksamkeit und achte darauf, wie ungeheuer viele Gesten du in einem Zeitraum von nur einer Minute vollführst.

Beachte, dass jede Geste einzigartig und unabhängig von anderen Gesten ist und dass jede Geste einem Zweck dient. Vielleicht hast du deinen Kopf bewegt. Du richtest für einen Moment deine Aufmerksamkeit auf jemanden auf der gegenüberliegenden Seite des Raumes. Was war der Zweck dieser Aktion? Hast du ein Geräusch gehört und wolltest wissen, was es war? Wolltest du über etwas nachdenken und hast deshalb deinen Blick umherschweifen lassen? Hast du deinen Kopf bewegt, um deine Nackenmuskulatur zu entspannen?

Beginne, Intention und Absicht deiner Handlungen – und seien sie noch so klein – zu ermitteln, und dir wird bewusst, welch kreativer Aufwand sich darauf richtet, unsere Box intakt zu halten.

Die gleichen Methoden, die wir darauf anwenden, Dinge so zu erhalten, wie sie sind, können wir dann dafür verwenden, die Realität neu zu erfinden.

ABENTEUER 6

Entdeckung: So etwas wie ein Problem gibt es nicht.

Bedeutung: Wenn wir uns in einer Problemsituation befinden, verleitet uns unsere Box zu der Annahme, dass wir uns tatsächlich „in" der Situation befinden, anstatt zu realisieren, dass es ohne uns solch eine Situation gar nicht gäbe. Worin wir uns eigentlich befinden, ist eine bestimmte Aneinanderreihung von Umständen. Das ist alles. Der problematische Charakter der Situation ist unsere eigene Schöpfung.

Wenn wir uns in einer Situation befinden, sei sie problematisch oder nicht, erschaffen wir diese Situation immer im jeweiligen Moment. Darüber hinaus sorgen wir dafür, dass unsere Schöpfung uns die Situation so erleben lässt, als seien wir gerade „in" der Situation.

Aus der Sicht eines Possibility-Managers liegt es auf der Hand, dass aus ein- und derselben Reihe von Umständen eine beliebige Anzahl von Situationen erschaffen werden kann. Wir verfügen über die Entscheidungsgewalt, aus jedem Ereignis genau das zu machen, was wir wollen. Welche Art von Situation wir aus den Umständen machen, hängt von der Absicht unserer internen Propaganda-Abteilung ab. Wir verwirklichen die von uns gewählte Absicht, indem wir die Umstände in bestimmter Weise deuten und Geschichten darüber erfinden. Auf diese Weise können wir aus allem sowohl eine wundervolle als auch eine schreckliche Situation machen. Das sind interessante Neuigkeiten, denn daraus ergibt sich, dass es sich bei jeder Art von Situation, in der wir uns befinden, egal ob problematisch oder wundervoll, um eine Situation handelt, die unser eigenes Werk ist. Wir sind für alle unsere Interpretationen und Geschichten über jegliche Situation selbst verantwortlich.

In dem Moment, in dem uns klar wird, dass wir *genau jetzt* die Situation als diejenige erschaffen, die sie ist, haben wir das Geheimrezept entdeckt, um die Situation sofort und nach unserem Willen neu zu erschaffen. Das bedeutet außerdem, dass die Art und Weise *wie* wir etwas gestalten, genau *die* sein muss, die wir haben wollen. Warum sonst würden wir die Situation auf diese Art erschaffen?

Experiment: In dem Moment, wo du realisierst, dass du deine Umstände nur in dem beschränkten Rahmen einer bestimmten Sichtweise erlebst, frage dich selbst: „Was für einen Nutzen ziehe ich daraus, das Problem auf diese Art und Weise für mich zu erschaffen?"

Das Experiment besteht darin, die Umstände aus den verschiedensten Blickwinkeln zu betrachten, um herauszufinden, ob du aus ihnen Chancen statt Probleme machen kannst. Als Extra-Bonus ziehe folgendes in Betracht: Wenn du *wirklich* glücklich sein wolltest, wer könnte dich davon abhalten?

Ein Mann arbeitete viele Jahre in der Personal-Abteilung einer großen Firma unter Umständen, die mehr und mehr zu einem Problem für ihn wurden. Jeden Tag kam er zur Arbeit, ärgerte sich über die Probleme dort, über seinen Chef und darüber, dass sich nie etwas veränderte. Er wurde so wütend darüber, dass er letztendlich die Firma verließ und sein eigenes Unternehmen gründete. Während er an der Entwicklung seiner Trainingsprogramme arbeitete, entdeckte er ein neues Anwendungsgebiet für seinen Frust und seinen Ärger. Der Ärger, so begriff er, war eine Art von Energie. Es war in der Tat genau die Art von Energie, die nötig war, um Veränderungen herbeizuführen und Dinge in Organisationen ins Rollen zu bringen. Nach kurzer Zeit kehrte er in seine alte Firma zurück und besetzte die selbe Position, die er vor seiner Kündigung innegehabt hatte. An den Umständen hatte sich nichts geändert. Der Unterschied lag nun in seiner Haltung den Umständen gegenüber, denn er setzte seine neue Entdeckung, nämlich dass er seinen Ärger als Energie für die nötigen Veränderungen nutzen konnte, ein. Er begann, seine „neu gefundene" Energie auf eine bestimmte und praxisorientierte Art einzubringen. Mittlerweile leitet er die ganze Abteilung und erfindet die Firma von innen heraus neu, was er in vollen Zügen genießt.

ABENTEUER 7

Entdeckung: Unsere Aufmerksamkeit ist unsere einzige Hilfsquelle.

Bedeutung: Der Weg zum Possibility-Manager beginnt in dem Moment, in dem wir anfangen, unsere Aufmerksamkeit auf unsere Aufmerksamkeit zu richten. Unsere Aufmerksamkeit ist unsere wertvollste Hilfsquelle, denn sie ist der einzige unverzichtbare Aktivposten, mit dem wir etwas tun können. Wenn wir unsere Aufmerksamkeit nicht benutzen, dann wird sie von jemand oder etwas anderem benutzt.

Denke einmal an all die ablenkenden Einflüsse, die versuchen, unsere Aufmerksamkeit auf sich zu ziehen: Reklametafeln, Zeitschriften, Fernsehen, Internet-Anzeigen, Radiosender, Schaufenster, Kataloge, Telefonanrufe, Faxe, Newsletter usw. Warum sollten sie alle versuchen, unsere Aufmerksamkeit zu bekommen, wenn sie nicht so wertvoll wäre? Was sie wirklich bekommen wollen, ist unsere Energie. Wenn sie unsere Aufmerksamkeit haben, dann bekommen sie unsere Energie, denn wohin wir unsere Aufmerksamkeit richten, dahin fließt unsere Energie.

Wir können lernen, die Aufmerksamkeit auf unsere Aufmerksamkeit zu richten, indem wir bewusst unsere Aufmerksamkeit von einer Sache auf eine andere lenken. Wir können unsere Aufmerksamkeit von einem Gegenstand, einem Bild oder von einem Gedanken abziehen und auf etwas anderes richten. Wir können Aufmerksamkeit verlieren – die von anderen und unsere eigene. Wir können Dingen oder Personen unsere Aufmerksamkeit schenken. Wir können unsere Aufmerksamkeit teilen und auf mehrere Dinge gleichzeitig richten. Zum Beispiel können wir gleichzeitig Auto fahren, Kaugummi kauen, Radio hören, interessante Leute auf dem Bürgersteig beobachten, unsere Nase kratzen und unseren Tagesablauf planen.

Wir können die Brennweite unserer Aufmerksamkeit einstellen. Eine enge Brennweite wird „punktuelle Aufmerksamkeit" genannt und ist hilfreich, um Computer zu programmieren, ein Brett genau am Strich entlang zu sägen, einen Faden in eine Nadel einzufädeln, Zahlen zu addieren und dem zuzuhören, was jemand sagt. Ein weiter Fokus wird „Feldaufmerksamkeit" genannt und ist hilfreich, um etwas im Ganzen wahrzunehmen, während einer Besprechung die Stimmung im Raum wahrzunehmen, den Sinn einer Unterhaltung zu erfassen, Fahrrad zu fahren, zu planen, mehrere Sachen auf einmal zu tun usw. Das Lernen, unsere Aufmerksamkeit zu gebrauchen, ist wie das Lernen, unsere Stimme zu gebrauchen. Niemand kann es für uns tun. Wenn wir es nicht selbst tun, dann wird es nicht geschehen.

Experiment: Schau einmal, wie lange du deine Aufmerksamkeit auf deine Aufmerksamkeit richten kannst. Beobachte, wo deine Aufmerksamkeit ist und was dir bewusst ist. Dir darüber bewusst zu werden, was dir bewusst ist, fügt deiner Erfahrung von Bewusstheit eine neue Qualität hinzu. Nutze die Zeit, wenn du in der Post Schlange stehst, wenn du im Aufzug oder auf der Toilette bist, oder wenn du an der roten Ampel stehst, um deine Aufmerksamkeit auf deine Aufmerksamkeit zu richten. Sprich es laut aus (oder wenn nötig, leise zu dir selbst): „Jetzt gerade bin ich mir des gelben Streifens auf der Uniform des Mannes bewusst. Jetzt bin ich mir des hämmernden Geräusches bewusst. Jetzt bemerke ich die kalte Luft auf meiner Wange. Jetzt bin ich mir darüber bewusst, dass ich eine Geschichte über den Zustand einer anderen Person erfinde. Jetzt bin ich mir einer Erinnerung an einen ähnlichen Vorfall wie diesem bewusst. Jetzt nehme ich den Druck der Stuhllehne an meinem Rücken wahr. Jetzt bin ich mir bewusst, dass ich atme. Jetzt bin ich mir des Klanges meiner Stimme bewusst. Jetzt nehme ich den fürchterlichen Gestank war." Mache diese Übung öfter, aber jedes Mal nicht länger als fünf Minuten.

ABENTEUER 8

Entdeckung: Wir erschaffen die Wirklichkeit mit Hilfe von „Ist"-Kleber.

Bedeutung: Das Wort „Ist" (von „sein") existiert in der Natur nicht. Wir setzen das Wort „Ist" ziemlich kreativ ein (wenn auch unbewusst), um zu manipulieren, wie wir und andere Menschen die Welt erleben. Wir verwenden das Wort „Ist" als Kleber, um zwei Dinge miteinander zu verbinden, die in Wirklichkeit nicht zusammen gehören. Diese zusammengeklebte Formulierung verändert unsere Wahrnehmung der Wirklichkeit, indem sie erweiterte oder eingeschränkte Möglichkeiten erschafft, um den Absichten unserer Box zu entsprechen.

Die meisten von uns neigen dazu, zunächst aufgrund unserer Erziehung und dann aus Gewohnheit, Formulierungen über die Wirklichkeit miteinander zu verkleben, die unsere Möglichkeiten eher einschränken als erweitern. Anschließend verhalten wir uns so, als seien wir hinter den Gitterstäben dieser eingeschränkten Wirklichkeit gefangen! Dabei vergessen wir völlig, dass wir selbst diese Gitterstäbe errichtet haben und daher auch selbst zu jeder Zeit, in allen Lebenslagen und wann immer wir wollen, die nötigen Werkzeuge griffbereit zur Hand haben, um die Gitterstäbe einzureißen. Dazu müssen wir nichts anderes tun als die „Ists" in unserem Verstand wieder voneinander zu trennen.

Das Wort „Ist" tarnt sich durch die zahlreichen Konjugationen, die wir in der Schule gelernt haben: ist, bin, sind, war, waren, hat, haben, hatte, tun, tut, tat, sei, sein, ist gewesen, könne, könnte, muss, kann, sollte und würde und auch die Verneinungsformen dieser Wörter.

Betrachte z.B. die Aussage: „Es ist unmöglich, diese Arbeit rechtzeitig fertig zu stellen." Anhand des „Ist"-Kleber-Modells können wir erkennen, dass wir den Satzteil „diese Arbeit rechtzeitig fertig zu stellen" genommen haben und ihn mit Hilfe des Wortes „Ist" als Verbindungsstück mit der Eigenschaft „unmöglich" verklebt haben. Es bedarf einer Verlagerung der Aufmerksamkeit, um das zu erfassen, aber wenn wir die beiden Satzteile getrennt voneinander und ohne den Kleber betrachteten, könnten wir erkennen, dass „unmöglich“ und „diese Arbeit rechtzeitig fertig zu stellen“ in Wirklichkeit absolut nichts miteinander zu tun haben.

Unter bewusster Verwendung der „Ist“-Kleber-Technologie könnten wir genauso gut den Satzteil „diese Arbeit in der vorgegebenen Zeit zu beenden“ mit einer Vielzahl von alternativen Satzteilen verkleben. Jeder neue „Klebevorgang“ begrenzt auf seine spezifische Art das Ergebnis. Wir hätten zum Beispiel folgende Sätze formulieren können: „Es macht eine Menge Spaß, diese Arbeit in der vorgegebenen Zeit zu beenden.“ Oder: „Es ist sehr einfach, diese Arbeit in der vorgegebenen Zeit zu beenden.“ Oder: „Es ist ein Abenteuer, diese Arbeit in der vorgegebenen Zeit zu beenden.“ Oder: „Es ist ein Kinderspiel, diese Arbeit in der vorgegebenen Zeit zu beenden.“

Hier gilt es, die Frage zu bedenken: Ist es wirklich „unmöglich“, „diese Arbeit in der vorgegebenen Zeit zu beenden“ oder machen wir es unmöglich, indem wir eine derartige Formulierung zusammenkleben? Ziehe einmal die Möglichkeit in Betracht, dass das Verkleben des Satzteiles „diese Arbeit in der vorgegebenen Zeit zu beenden“ mit dem Wort „unmöglich“ eigentlich eine „Fehlschaltung“ ist, also nicht eine tatsächliche Wahrheit, sondern eine konstruierte Wahrheit. Ziehe die Möglichkeit in Betracht, dass wir „diese Arbeit in der vorgegebenen Zeit zu beenden“ durch diese Art der „Verdrahtung“ in unserem Hirn tatsächlich für uns unmöglich machen.

Siehe dir auch eine andere übliche Wirklichkeit an, die wir durch die Fehlschaltung von „Er“ mit „Unrecht“ herstellen. Durch die Anwendung des „Ist“-Klebers wird dieses Muster zu „Er ist im Unrecht“. Denke an die Möglichkeiten, die sich auftun würden, wenn uns zu Bewusstsein käme, dass wir ihn eigentlich mit dem „Ist“-Kleber ins Unrecht setzen. Wir hätten dann die Möglichkeit – ganz nach unserer Wahl – irgendetwas anderes aus ihm zu machen. „Er ist engagiert.“ „Er ist kraftvoll.“ „Er ist interessant.“ „Er setzt sich ein.“ Jede Formulierung erschafft eine andere Wirklichkeit, und jede Formulierung lädt eine andere Form der Situationsbewältigung ein.

Denke einmal darüber nach, wie oft wir diese berüchtigten Fehlschaltungen hören oder selbst benutzen: „Das kann ich nicht.“ „Die Mittel sind begrenzt.“ „Meine Arbeit ist langweilig.“

„Jetzt sitzen wir richtig in der Patsche." „Jetzt haben wir ein Problem." „Das ist schlecht." „Das ist beängstigend." „Momentan sind wir zweifellos in einer Krise." „Das ist verwirrend." „Das kotzt mich an." „Das ist hoffnungslos." „Sie sind unsere Konkurrenten." „Wir sind verloren." „Das geht nicht." „Ich habe nicht genug Zeit." „Ich vertraue dir nicht." „Dafür ist nicht genug Geld da." „Ich bin müde." Jedes dieser Modelle erzeugt eine eigene Welt. Wenn wir diese Formulierungen für wahr halten, dann ist unsere Welt durch die jeder Aussage zugrunde liegenden Annahmen begrenzt. Wenn wir die Formulierungen als nur *eine* von zahlreichen möglichen Modellen der Wirklichkeit betrachten – illusorische Gefängnisse, errichtet durch Satzteile, die mit „Ist" zusammengeklebt wurden –, dann bekommen wir die Fähigkeit, Welten neu zu erfinden. Das ist kein Witz. Das ist das Reich eines Possibility-Managers.

Experiment: Sei dir selbst auf der Spur. Folge den Spuren deiner Erschaffung der Wirklichkeit und achte dabei auf dein Vorgehensmuster. Wann immer du das Wort „Ist" benutzt, erschaffst du Wirklichkeit. Welche Möglichkeiten schließt du aus? Wo schaffst du mehr Möglichkeiten? Die Übung besteht darin, dich selbst zu ertappen, und zwar zunächst, nachdem du „Ist" benutzt hast, dann, während du es benutzt und dann, kurz bevor du es benutzt. An diesem Punkt nun kannst du wählen, was genau du durch „Ist" miteinander verkleben willst. Durchbrich dein Muster absichtlich, so dass du erkennen kannst, dass es sich bei deiner Wirklichkeit nur um ein gewohnheitsmäßiges Muster handelt und nicht um die Wirklichkeit an sich.

Zusätzlich zu diesem Experiment kannst du dem Ganzen noch mal einen neuen „Anstrich" geben. Nachdem du dich gerade dabei ertappt hast, eine Wirklichkeit zu erschaffen, besprühe diese Formulierung einfach mit „Ist"-Kleber-Lösungsmittel, so dass sich das „Ist" auflöst. Dann fange von vorne an und übersprühe die alte Formulierung, indem du andere Dinge mit „Ist" verklebst und eine Wirklichkeit erzeugst, die nicht deiner üblichen Box entspricht. Versuche, Wirklichkeiten zu erzeugen, die eine Fülle von Möglichkeiten enthalten.

ABENTEUER 9

Entdeckung: Mitteilungen sind die Manifestation von Absicht.

Bedeutung: Wenn jemand mit uns spricht, haben wir die Möglichkeit, (uns) zu fragen: „Warum sagst du mir das?" Wenn wir mit jemandem sprechen, könnten wir uns umgekehrt die gleiche Frage stellen: „Warum sage ich dir das?" Indem wir auf die Absichten achten, die ein- und ausgehenden Botschaften zugrunde liegen, muss uns letztendlich Folgendes klar werden:

1) Wir sprechen nur, wenn wir eine Absicht verfolgen.
2) Andere sprechen nur, wenn sie eine Absicht verfolgen.
3) Die tatsächliche Absicht überrascht uns vielleicht und ist bei näherer Betrachtung eine ganz andere, als wir angenommen hatten.
4) Im Allgemeinen besteht die Absicht eines Gesprächs darin, eine Geschichte zu erzählen, die der Welt unsere Version der Wirklichkeit verkaufen will.

Menschliche Wesen sind die geschichtenerzählende Spezies. Alles an uns ist am Erzählen beteiligt. Die Art, wie wir uns kleiden, unser Berufsbild, unsere Sprachmuster, unser Gefühlsausdruck bzw. Nicht-Ausdruck, die Art, wie wir mit den Energien anderer umgehen und wie wir Problemsituationen entwickeln, all das sind Geschichten.

Unsere Geschichten haben tendenziell nur ein Thema. Das heißt, wir erzählen immer wieder verschiedene Kapitel derselben Geschichte. Es ist die Geschichte unserer Box: Was wir mögen, was wir nicht mögen, was real für uns ist, was wahr für uns ist, was möglich und was unmöglich für uns ist. Im Grunde genommen erklärt unsere Box der Welt ununterbrochen, wer wir sind.

Die Geschichte unserer Box folgt uns überall hin, wie ein Gestank, wie ein Nebel, wie eine Staubwolke um uns herum. Die Geschichte unserer Box beeinflusst die Art, wie wir die Welt erleben und wie die Welt uns erlebt. Wir werden so gut darin, unsere Geschichte zu entwickeln, dass wir sie selbst glauben. Wer unsere Geschichte nicht glaubt, ist nicht unser Freund.

Manche von uns erzählen Opfergeschichten; manche erzählen dramatische Geschichten; manche erzählen langweilige Geschichten; manche erzählen Heldengeschichten; manche erzählen Schurkengeschichten. Es gibt achtzehn Standard-Box-Geschichten. Welche Geschichte wir auch erzählen, es ist die Geschichte unseres Lebens. Keine dieser Geschichten ist richtig oder falsch. Es sind letztlich einfach Geschichten. Und trotzdem führt jede Art von Geschichte zu einem anderen Ergebnis.

Experiment: Erzähle eine andere Geschichte als die, die du normalerweise erzählst. Das kannst du auf ganz unterschiedliche Weise tun, offensichtlich oder eher subtil. Eine subtile Veränderung deiner Geschichte wäre beispielsweise das Auftragen eines andersfarbigen Lippenstiftes oder das Tragen einer Krawattenfarbe, die du sonst nicht trägst; ein anderes Make-up oder eine neue Frisur, das Einkaufen in einem neuen Lebensmittelladen oder die Tatsache, dass du in eine andere Kneipe oder ein anderes Restaurant gehst als sonst.

Wir können natürlich auch etwas Kühneres ausprobieren. Wir könnten zum Beispiel jemandem, den wir täglich sehen, dem Chef oder einem Kollegen, von etwas erzählen, was für uns möglich ist und das wir in unsere bisherigen Geschichten niemals als möglich mit einbezogen haben. Wir könnten ihm ausdrücklich erklären, warum wir den Direktor der Firma oder den Präsidenten des Landes wirklich wertschätzen. Wir könnten erzählen, wie wir gänzlich unsere Eltern verstehen und ihnen verzeihen. Wir könnten erzählen, wie inspirierend unsere Arbeit für uns ist. Wir könnten erzählen, wie sehr uns seine edle Gesinnung und sein handwerkliches Können auffallen.

Bei der Durchführung dieses Experimentes könnten sich für uns zwei Dinge auftun. Wenn wir den gewagteren Versuch unternehmen, eine neue Geschichte zu erzählen, könnte das Gefühl aufkommen, dass diese neue Geschichte eine Lüge ist, weil sie nicht unserer gewohnten Geschichte entspricht und sich fremd anfühlt. Beim Umgang damit können wir darauf achten, nur die Geschichten über uns zu erzählen, die wahr sind. Aber (Warnung!), wenn wir dieses Experiment fortführen und es mehrmals die Woche in verschiedenen Situationen mit unterschiedlichen Leuten wiederholen und dabei jedes Mal unser Repertoire erweitern, dann werden wir anfangen zu begreifen, dass *alle* Geschichten, die wir je erzählen, Produkte unseres Verstandes sind, inklusive der Geschichten, die wir seit Jahren erzählen. Die andere Sache, die wir während dieses Experiments vielleicht bemerken werden, ist, dass der Erfolg einer Geschichte davon abhängt, wie wir sie erzählen, wie viel Leidenschaft und Überzeugung wir hinein geben, die speziellen Details, mit denen wir die Farben beschreiben, die Klänge und auch die Eigenschaften der Dinge und wie sie sich verhalten. Durch das bewusste Erzählen neuer Geschichten gewinnen wir Zugang zu der Entdeckung, dass wir die Quelle *aller* Geschichten sind, die in unserem Leben existieren. Wir sind die Quelle unserer Geschichten über andere Leute, über Situationen, über die Zukunft und über das Jetzt. Auf diese Art erreichen wir eine neue Dimension in unserer Fähigkeit, mit Möglichkeiten umzugehen und diese zu handhaben.

ABENTEUER 10

Entdeckung: Zwischen der äußeren Welt (Sichtbares, Geräusche, körperliche Empfindungen, Gerüche, Erlebnisse, Beziehungen, Gespräche im Außen etc.) und der inneren Welt (Konzepte, Erinnerungen, Reaktionen, Bilder, Gespräche im Inneren etc.) gibt es einen winzigen Zwischenraum, den wir den „Spalt" nennen.

Bedeutung: Durch ein Netzwerk von Querverdrahtungen und Verbindungen macht unsere Box den Spalt unsichtbar und unzugänglich. Das Netzwerk bringt uns dazu, dass wir uns auf die äußere und die innere Welt so beziehen, als seien sie nahtlos miteinander verschweißt. Wenn wir dieses Modell der Wirklichkeit anwenden, dann verursacht jeder Reiz in der äußeren Welt (Konflikt, Unfall, Situation, Krise) eine automatische und mechanische Reaktion unserer Innenwelt (Beleidigtsein, furchtbare Bilder, Selbstanklagen, Rechtfertigungen, Überlegenheitsgefühl). Ebenso wird jede Erfahrung in unserer Innenwelt

(Scham, Ekel, alberne Kommentare, strategische Gesten) automatisch und mechanisch in der Außenwelt ausgedrückt (Statuskämpfe, Kritik, Beschimpfungen, Sticheleien, Tratsch).

Unsere Erfahrungen und Äußerungen müssen nicht automatisch und mechanisch miteinander verschweißt sein. Unsere innere und äußere Welt müssen nicht starr miteinander verbunden sein. Es ist möglich, den Spalt zwischen der Innen- und Außenwelt zu lokalisieren und zu betreten und dann einen ganz anderen Blickwinkel einzunehmen.

Wenn wir den Spalt entdecken, erschließen wir eine Reihe vollkommen neuer Bedingungen und haben dadurch Zugang zu einer Reihe völlig neuer Möglichkeiten. Diese neuen Möglichkeiten sind nicht-linear. Das heißt, sie folgen nicht automatisch in Übereinstimmung mit den Umständen. Umstände werden in der Tat irrelevant, denn wenn wir den Spalt entdeckt haben, gibt es keine direkte mechanische Verbindung mehr zwischen der Innen- und der Außenwelt. Wir können dann damit anfangen, Ergebnisse zu erzielen, die von den Umständen unabhängig sind. Handlungen und Ideen aus dem Spalt können radikal neu, beispiellos, unerwartet, unvernünftig, unlogisch, absolut einfach und außergewöhnlich wirksam sein.

Experiment: Im Spalt zu sein ist eine beobachtbare Erfahrung, die fast jeder machen kann. Man hat diese Erfahrung bisher bezeichnet mit „magische Berührung", „das Fließen", „Wolke sieben", „im Fluss sein", „No Mind", „Lichtgeschwindigkeit", „etwas sein, in dem nichts Wurzeln schlagen kann" usw. Den Spalt zwischen der Außen- und der Innenwelt betrittst du, indem du die Unterscheidung bezüglich des Spaltes triffst. Diese Unterscheidung wird durch geteilte Aufmerksamkeit aufrecht erhalten, indem du einen Teil deiner Aufmerksamkeit auf die Erscheinungsformen und Sinneseindrücke der Außenwelt richtest und einen anderen Teil deiner Aufmerksamkeit auf die Erscheinungsformen und Sinneseindrücke der Innenwelt. Den Rest deiner Aufmerksamkeit lässt du frei fließen, um das zu bemerken, was aufkommt, und damit zu arbeiten. Was ist in dem Spalt? (Nichts.) Der Schritt ins Nichts geht allen wahren Erfindungen voraus. Was ist in dem Spalt möglich? (Fange an, das selber herauszufinden. Wir verraten dir nicht alles!)

ABENTEUER 11

Entdeckung: Verantwortlichkeit ist der Weg zur Veränderung.

Bedeutung: Seit unserer Kindheit werden wir dazu erzogen, Verantwortung zu vermeiden. Erziehung funktioniert so: Wenn wir behaupten, verantwortlich für irgendein Problem zu sein, werden wir normalerweise bestraft. Diejenigen, die der Verantwortung ausweichen, kommen ungeschoren davon. So wird uns klar, dass uns die Übernahme von Verantwortung Probleme bereitet – sie ähnelt dem Tragen einer unnötigen und unbequemen Bürde.

Wir wissen es nicht, aber diese negative Beziehung zur Verantwortung haftet in uns. Im Alter von etwa fünfzehn Jahren erlangen wir die Fähigkeit, Verantwortung zu übernehmen, aber wir werden nie darin geschult, wie das geht. Also lernen wir es nicht. Aus Gewohnheit entscheiden wir uns weiterhin für eine verantwortungslose Sichtweise.

Durch die Vermeidung von Verantwortung bleibt uns eine Welt von Möglichkeiten versagt, und dieser Zustand hält uns gleichzeitig in einer anderen Welt gebunden. Die Welt, an die wir gebunden sind, ist die Welt der Verantwortungslosigkeit. Wir sind so vertraut mit der Funktionsweise der verantwortungslosen Welt, dass der Hinweis auf ihre charakteristischen Merkmale (Hunger, Krieg, Überbevölkerung, Umweltverschmutzung, Gefängnisse, Terrorismus, Vandalismus, Korruption etc.) zu normal klingt, als dass wir es aussprechen müssten. Daraus entwickeln wir keinerlei Gefühl dafür, wie wir Dinge in der Welt der Verantwortlichkeit geschehen lassen könnten.

Der Vergleich zwischen der Welt der Verantwortungslosigkeit und der Welt der Verantwortung ist sehr interessant. Die Werkzeuge der Verantwortungslosigkeit sind Anklagen, Verrat, Ausreden, Kontrolle, Überlegenheit, Rechthaberei, Rache, Groll, Erpressung, Rechtfertigung, Territorialkämpfe, Manipulation, Herrschsucht, Opferrolle, Mangel, Wettkampf usw. Die Werkzeuge der Verantwortung sind Klarheit, Würde, Lernbereitschaft, Verbindlichkeit, Integrität, Freundlichkeit, Perfektion, Intuition, Kreativität, Beziehung, Akzeptanz, Mut, Großzügigkeit, Kommunikation, Fülle, Freude, Offenheit, Transformation usw.

Führung, Management und Beziehungen gibt es sowohl in der verantwortlichen als auch in der unverantwortlichen Welt, mit radikal unterschiedlichen Ergebnissen.

Der Zusammenhang zwischen Verantwortung und Veränderung lässt sich am leichtesten erkennen, wenn wir unsere Denkrichtung umkehren. Wenn wir für die Umstände nicht verantwortlich sind, können wir dann etwas ändern? Die Antwort lautet nein, wir können gar nichts ändern, wenn wir nicht die Verantwortung dafür übernehmen, dass wir diese Situation ursächlich geschaffen haben. Veränderung ist nur in einer Spielwelt möglich, in der wir zu einhundert Prozent die Verantwortung dafür übernehmen, dass die Dinge so sind, wie sie sind. Genau das ist die Spielwelt des Possibility-Managements.

Experiment: Wähle eine bestimmte Situation in deinem Leben, die du gerne verändern möchtest. Für dieses Experiment wähle eine Situation, in der du dich machtlos fühlst, eine Veränderung herbeizuführen, weil es dich nichts angeht oder weil es nicht deine Schuld ist. Es kann jede beliebige Situation sein, von der nichtvorhandenen Ampel an der Kreuzung um die Ecke über Nachbarn, die ständig miteinander streiten bis hin zum tropfenden Wasserhahn, zu einem Kunden, der sich von deiner Firma enttäuscht fühlt, zu deinem Partner, der sich mehr für Zeitschriften oder Fernsehen interessiert als für ein Gespräch mit dir.

Sobald du die Situation gewählt hast, untersuche sie aus einer erweiterten Perspektive. Verantwortlichkeit ist lediglich ein Nebeneffekt von Bewusstsein. Und Bewusstsein ist das Ergebnis der Geschichte, die wir benutzen.

Beginne, deine Geschichte über die Situation neu zu erfinden, so dass du vollkommen – und zwar zu hundert Prozent – verantwortlich dafür bist, die Situation genauso erschaffen zu haben, wie sie ist. Das Experiment beginnt damit, dass du diese Verantwortungsgeschichte jemand anderem erzählst und genau erklärst, wieso du verantwortlich bist.

Du kannst nun die gleiche Methode, mit der du die Situation derart geschaffen hast, dazu verwenden, sie andersartig zu erschaffen. Verantwortlichkeit ist der Weg für Veränderung.

Die neue Sichtweise mag am Anfang lächerlich scheinen. Trotzdem, mache weiter, gehe einfach davon aus, dass deine Verantwortlichkeit unumstößlich ist und fange an, aus den neuen Umständen heraus zu handeln. „Also gut, ich bin dafür verantwortlich, die Umstände derart eingerichtet zu haben. Was müsste ich tun, um sie zu verändern? Wahrscheinlich das Gegenteil von dem, was ich gemacht habe, um sie so einzurichten!“ Wenn wir die Situation durch Schweigen, Zurückhaltung, Ignoranz oder die Hoffnung darauf, dass es schon vorbeigeht, erschaffen haben, dann könnten wir sie sehr wahrscheinlich dadurch neu erschaffen, dass wir Dinge laut aussprechen, uns einmischen, unsere wirklichen Gefühle und Bedürfnisse mitteilen und der ganzen Sache sorgfältige Aufmerksamkeit widmen.

Führe dieses Experiment zunächst im Kleinen durch, dann kannst du nach und nach zu größeren Dingen übergehen.

ABENTEUER 12

Entdeckung: Niederes Drama ist nicht Leben.

Bedeutung: Niederes Drama ist jede Handlung, die zum Ziel hat, Verantwortung zu vermeiden. Typische Gesten des Niederen Dramas zeigen sich in der Opferhaltung gegenüber den Umständen oder darin, jemandem die Schuld für unsere Probleme in die Schuhe zu schieben, unsere Handlungen mit Ausreden, Begründungen und Geschichten zu rechtfertigen, jemanden zu verfolgen, zu retten, Groll gegen ihn zu hegen, deprimiert und verwirrt zu sein oder beweisen zu wollen, dass wir Recht haben und der Andere Unrecht.

Das Dreieck des Niederen Dramas, so wie es von Dr. med. Stephen Karpmann (einem Schüler von Dr. med. Eric Berne, Schöpfer der Transaktionsanalyse) entwickelt wurde, weist genau drei Rollen auf: der Täter (Ich bin in Ordnung, du bist nicht in Ordnung, also werde ich dich los!), der Retter (Ich bin in Ordnung, du bist nicht in Ordnung, deshalb tue ich es für dich) und das Opfer (Ich kann nichts dafür! Du tust mir weh!

Ich Armer! Ich bin nicht in Ordnung, also muss ich gehen!) – Achtung: ein gutes Opfer kann aus jedem einen Retter oder einen Täter machen.

Wenn wir das erste Mal vom Niederen Drama hören, denken wir vielleicht: „Ach je, die armen Leute, die so etwas tun!" In diesem Abenteuer geht es darum, aufzuwachen und die Tatsache zu erkennen, dass Niederes Drama die Grundlage der meisten unserer beruflichen und privaten Interaktionen ist. Das liegt daran, dass unsere menschliche Standardsoftware, die wir von unseren Eltern und Lehrern aufgenommen haben, das Niedere Drama als integralen Bestandteil der Abwehrmechanismen unserer Box beinhaltet. Was wir nicht erkennen ist, dass es einen Unterschied zwischen Niederem Drama und Leben gibt.

Da Niederes Drama unverantwortlich ist, verändert sich durch Niederes Drama auch nie etwas. Das einzige Ergebnis von Niederem Drama ist – egal wie rechtschaffen wir sind –, dass wir älter werden.

Experiment: Dieses Experiment in Bezug auf Niederes Drama hat zwei Regieanweisungen. Die Anweisung besteht darin, während der Woche zwischen Regieanweisung 1 und Regieanweisung 2 hin und her zu wechseln. Wende Regieanweisung 1 auf das erste Niedere Drama an, dem du begegnest, Regieanweisung 2 beim zweiten Niederen Drama, dann Regieanweisung 1 beim dritten Niederen Drama usw.

Regieanweisung 1: Identifiziere das Niedere Drama, sobald es auftaucht, mit der Methode „Benennen". (Benennen funktioniert so: Du sagst entweder laut oder leise zu dir selbst, „das ist ein Niederes Drama." – Sag es nicht niederdramatisch...). Du musst genau aufpassen, denn Niedere Dramen neigen dazu, uns bewusstlos zu machen, sobald sie auftauchen. Versuche, das Wissen aufrechtzuerhalten, dass das, was passiert, nur ein Niederes Drama ist. Und dann wähle bewusst das Niedere Drama. Das heißt, du wählst bewusst und spielst voller Begeisterung und Hingabe eine der drei Rollen des Niederen Dramas, ohne jemals zu vergessen, dass es sich um ein Niederes Drama handelt. Du sagst dir: „Ich werde jetzt das Opfer spielen. Oh, ich Armer. Es ist so schlimm. Ich kann nichts dafür. Der

Täter ist schuld daran. Ich halte das nicht mehr aus!" Oder du sagst: „Ich werde jetzt den Täter spielen. Du Idiot! Kriegst du denn gar nichts auf die Reihe? Wie kann man nur so dumm sein!" Oder du sagst: „Ich werde jetzt den Retter spielen. Du Armer. Ich mache das für dich. Das ist sowieso viel zu schwer für dich..."

Regieanweisung 2: Identifiziere das Niedere Drama, sobald es auftaucht, mit der Methode „Benennen". Und dieses Mal wählst du ganz bewusst, KEINE Rolle zu spielen, bleibst aber trotzdem in Beziehung mit den anderen Leuten, die in das Niedere Drama verstrickt sind. Es gibt ein nützliches Werkzeug, das du anwenden kannst, um nicht in das Niedere Drama mit hineingezogen zu werden. Das Werkzeug besteht im Wechsel deiner Identität. Statt dein normales Selbst in dieser Situation zu sein, sei ein Possibility-Manager. Als Possibility-Manager hast du jetzt einen neuen Blickwinkel mit einer ganz anderen Bandbreite von Möglichkeiten und Werkzeugen, als du sie in deiner normalen Identität hättest. Wenn etwas gesagt wird, das dich normalerweise beleidigen würde, dann bist du jetzt nicht beleidigt, weil du nicht gezwungen bist, dein normales beleidigtes Selbst zu sein. Statt eine Rolle innerhalb des Niederen Dramas zu spielen, versuche eine der folgenden Möglichkeiten: Schaffe Klarheit, indem du Unterscheidungen triffst; steuere den Raum; werde nicht-linear und verschiebe den Kontext der Unterhaltung von der Ebene der Positionen auf die Ebene der Prinzipien; oder höre als Raum zu und verpflichte dich den Verpflichtungen der anderen, damit Gewinnen möglich wird. Beim nächsten Niederen Drama kehre wieder zu Regieanweisung 1 zurück.

ABENTEUER 13

Entdeckung: Nur wenn du zentriert bist, kannst du auf verantwortliche Art auswählen, deklarieren, fragen und führen.

Bedeutung: Solltest du über dein Zentrum nicht Bescheid wissen, macht dies dein Zentrum nicht unwichtig. Viele Dinge, über die wir nichts wissen, beeinflussen uns trotzdem täglich in hohem Maße. Um als Possibility-Manager fungieren zu können, müssen wir über unser Zentrum Bescheid wissen. Wenn wir es kennen, kennen wir auch das Zentrum anderer Menschen.

Wir haben zwei Arten von Zentren: Ein körperliches Zentrum und ein energetisches bzw. „Seins"-Zentrum. Unser körperliches Zentrum entspricht unserem Gleichgewichtszentrum oder Körperschwerpunkt, einem festen Ort, der in der Mitte zwischen unseren Hüftknochen sowie Rücken und Unterleib liegt. In verschiedenen Kampfsportarten oder östlichen Heilmethoden wird das Körperzentrum auch Dan-Tien oder Hara genannt. Im Possibility-Management beziehen wir uns auf diesen Punkt einfach als unser Körperzentrum.

Zusätzlich zu unserem Körperzentrum haben wir auch ein energetisches Zentrum oder Seinszentrum, welches beweglich ist. Unser Seinszentrum hat am Anfang etwa die Größe einer Grapefruit und kann durch spezielle Prozesse wachsen und sich entwickeln.

In westlichen Kulturen werden wir dazu erzogen, unser Seinszentrum im Kopf zu behalten. Wenn unser Seinszentrum im Kopf ist, neigen wir dazu, der Welt mit unserem Intellekt zu begegnen. Wir unterbrechen die Verbindung zu unseren Gefühlen und unserer Intuition; wir machen uns abhängig von Gründen und linearer Logik, und vor allem versuchen wir zu wissen. Es hat offensichtliche Vorteile, unser Seinszentrum in unserem Kopf zu haben. Die Nachteile tauchen dann auf, wenn wir uns in nicht-linearen Bestrebungen versuchen, etwa Beziehungen, Teamarbeit, Führungskraft, Erschaffen von Möglichkeiten und die Verpflichtung dazu, etwas zu tun, bevor wir wissen, wie wir es bewerkstelligen sollen. Bei nicht-linearen Schöpfungen ist der Versuch, die Dinge vom Kopf aus herausfinden zu wollen, viel zu langsam, da die Probleme zu anspruchsvoll und komplex für den logischen Verstand sind.

Die Verlagerung unseres Seinszentrums vom Kopf hinunter in unser Körperzentrum nennen wir im Possibility-Management „zentriert“ sein. Bei einer Zentrierung in uns selbst sind wir im Besitz unserer Klarheit, unserer Kraft, unserer Stimme, unserer Gefühle, unserer Intuition, unseres Instinktes, unseres Gleichgewichts und unserer Präsenz. Wenn wir zentriert sind, können unsere Grundprinzipien uns bewegen und uns die Richtung weisen. Wenn wir zentriert sind, können wir mit einer nichtlinearen Intelligenz aufwarten, die nicht durch lineare Logik begrenzt ist. Trotzdem können wir unsere lineare Logik nutzen, wenn es angemessen ist.

Aber der Unterschied zwischen Zentrierung und Nicht-Zentrierung beinhaltet noch mehr. Wenn wir nicht zentriert sind, haben wir entweder unser Seinszentrum, wie oben beschrieben, in den Kopf verlagert, oder wir haben unser Zentrum weggegeben. Warum sollten wir unser Zentrum weggeben? Was bedeutet das?

Vielleicht haben wir vor langer Zeit erfahren, dass wir, wenn wir zentriert sind, über alle Maßen hinaus mächtig sind. Der Besitz einer solchen Macht, die wir als Kind haben, kann für Autoritätspersonen eine Bedrohung darstellen, auf die sie unter Umständen aggressiv reagieren. Wir haben gelernt, dass wir uns selbst schwächen können und keine Bedrohung mehr sind, wenn wir unser Zentrum weggeben. Das Weggeben unseres Zentrums gab uns Sicherheit, und so fügten wir unserer Box Anpassung als Überlebensstrategie hinzu. Ohne dass wir uns des verborgenen Preises, den angepasstes Verhalten mit sich bringt, bewusst sind, wendet unsere Box diese Strategie vielleicht noch bis heute an. Oberflächlich betrachtet hat Anpassung riesige Vorteile. Unser Zentrum ist nicht bei uns, also sind wir auch nicht verantwortlich! Stattdessen haben wir die Autoritätsperson für uns verantwortlich gemacht! Falls die Dinge schlecht laufen, können wir die Autoritätsperson beschuldigen und es ihr übel nehmen! Aber Beschuldigen und Übelnehmen gehören zum Niederen Drama, und Niederes Drama ist das Reich des Gremlins.

Es gibt überall Gremlin-Führungskräfte wie verantwortliche Führungskräfte. Gremlin-Führungskräfte umgeben sich mit Anhängern, die bereit sind, ihr Zentrum wegzugeben. Nachdem sie die Zentren ihrer Anhänger eingesammelt haben, fühlen sich Gremlin-Führer sicher, weil ihre Autorität nicht herausgefordert wird. Falls jemand kommt, der versucht, sein Zentrum zu behalten, muss der Gremlin-Führer ihn loswerden. Wahrscheinlich kennst du bereits einige Gremlin-Führer.

Verantwortliche Führungskräfte widmen sich der Aufgabe, Führungskräfte heranzuziehen und streben danach, sich mit anderen Führungskräften zu umgeben – also mit zentrierten Menschen. Denn diese Menschen sind in der Lage, Verantwortung zu übernehmen, Entscheidungen zu fällen, Risiken einzugehen und Ergebnisse zu erzielen. Wenn jemand versucht, einer verantwortlichen Führungskraft sein Zentrum zu geben, so wird diese es ablehnen und sich weigern, dieses Spiel mitzuspielen. Stattdessen bittet die verantwortliche Führungskraft denjenigen, sein eigenes Zentrum zu finden und zu lernen, es bei sich zu behalten.

Experiment: Du kannst es fühlen, wenn du dein Zentrum weggibst. Lerne, die erregte innere Stimme von „Ich gewinne, du verlierst, haha! Ich bin jetzt sicher!" zu erkennen, die immer dann von deinem eigenen Gremlin kommt, wenn du dein Zentrum weggibst. Nimm dein sich daraus ergebendes angepasstes Verhalten genau unter die Lupe, indem du schonungslos deine Körperhaltung, deinen energetischen Zustand, den Klang deiner Stimme, deine Haltung und dein Sprechverhalten beobachtest. Selbst wenn du dein Zentrum weggibst, bist du immer noch verantwortlich für deine Verantwortungslosigkeit.

Du kannst es auch fühlen, wenn du dein Seins-Zentrum auf dein Körperzentrum verlagerst. Lerne das Gefühl zu erkennen, wenn du zentriert bist. Du hast folgende Sinne: Sehen, Hören, Riechen, Fühlen und Schmecken. Übe dich in einer weiteren Sinneswahrnehmung, der Zentrierung, indem du dir ununterbrochen die Frage stellst: „Wo ist mein Zentrum in diesem Moment?"

Das Extra-Punkte-Experiment: Passe dich diese Woche jeden Tag vom Aufwachen bis zum Einschlafen an nichts an. (Achtung: Es gibt einen Unterschied zwischen Anpassung – was bedeutet, dein Zentrum wegzugeben – und der Haltung von Akzeptanz, Vergebung oder Güte, was alles verantwortliche Prinzipien sind. Einige Leute werden es vielleicht nicht mögen, wenn du aufhörst, angepasst zu sein und stattdessen in ihrer Nähe dein Zentrum behältst. Lasse das ihr Problem sein. Achte aber auch darauf, dass du nicht gehässig wirst und nach Rache trachtest.)

ABENTEUER 14

Entdeckung: Wir können Zugang zu neuen Möglichkeiten gewinnen, wenn wir unser JETZT minimieren.

Bedeutung: Unsere Beziehung zur Größe unseres JETZT, also zu der von uns empfundenen Zeitspanne, die wir als JETZT bezeichnen, kann sich verändern. Wenn wir nicht klar vorgeben, welchen Umfang unser JETZT haben soll, wird er vom automatischen Verteidigungsmechanismus unserer Box bestimmt. Die Box schützt sich selbst vor Veränderung, indem sie für uns die Illusion erzeugt, dass das JETZT sehr groß ist. Das ist so, als würden wir Sandsäcke in einen Heißluftballon legen, damit er zu schwer zum Fliegen wird.

Wenn unser JETZT groß ist, reicht es bis in die Vergangenheit hinein und enthält alle Schlussfolgerungen, Misserfolge, Grollgefühle und Ausreden aus der Zeit vor dem JETZT. Ein großes JETZT dehnt sich auch in die Zukunft aus und schließt Phantasien, Ängste, Vorstellungen, Gründe, Erwartungen und all das Unbekannte, das vor uns liegen kann, mit ein. Indem wir diese enorme emotionale, beziehungsbezogene, logische und psychologische Last mit uns herumtragen, verringern wir die Möglichkeiten für Veränderung und erhöhen die Chance, dass die Dinge genau so bleiben, wie sie sind. Genauso mag es die Box.

Unsere Aufgabe als Possibility-Manager besteht darin, die Realität neu zu erfinden. Das Neuerfinden der Realität kann nur im Hier und Jetzt erfolgen. Um Zugang zu dem Angelpunkt zu bekommen, von dem aus wir die Realität neu erfinden können, müssen wir unser JETZT minimieren.

Wenn unser JETZT minimiert ist, werden die Dinge interessant. Bei einem minimierten JETZT gibt es nicht mehr genug Raum für Geschichten. In einem minimierten JETZT fallen Interpretationen, Bedeutungen, Implikationen, Annahmen und Erwartungen komplett weg. Das, was dann für uns noch bleibt, ist die Gegenwart, und nur sie. In der Gegenwart gibt es keine Zeit und keinen Raum. Wenn wir in eine Geschichte verwickelt sind, sind wir nicht in der Gegenwart, denn Geschichten existieren in Zeit und Raum. Der Wert des minimierten JETZT liegt in der Tatsache, dass das JETZT der einzige Ort ist, wo wir überhaupt Kraft besitzen. Schöpfung geschieht JETZT. Möglichkeit geschieht JETZT. Entscheidungen geschehen JETZT. Veränderungen geschehen JETZT. Unterscheidungen werden JETZT getroffen. Mit einem minimierten JETZT sind wir immer in der Gegenwart.

Experiment: Die Minimierung des JETZT kann nur JETZT geschehen. Übe eine Woche lang jeden Tag einmal stündlich, dein JETZT zu minimieren. Stelle deine Armbanduhr so ein, dass sie jede Stunde piept. Jedes Mal, wenn sie piept, überprüfst du deinen Ballast. Bist du gerade inmitten einer Geschichte über jemanden oder über etwas? Benutzt du „Ist"-Kleber? Hast du Erwartungen? Rechtfertigst du dich? Triffst du Annahmen? Hängst du deinen Phantasien nach? Bist du sauer auf jemanden? Projizierst du etwas auf jemanden oder auf eine Situation? Hast du Gründe oder Ausreden? Schreibst du Dingen eine Bedeutung zu? Interpretierst du die Umstände? Spielst du auf etwas an? Legst du Dinge aus? Bist du in Erinnerungen aus der Vergangenheit, innerlichen Gesprächen mit jemandem, der nicht da ist, oder in Phantasien von einem anderen Ort oder einer anderen Zeit versunken? Wenn die Antwort zu einer dieser Fragen JA lautet, dann ist dein JETZT nicht minimiert.

Das Experiment besteht darin, alles, was nicht real ist, immer wieder auszuschalten. Während du das Experiment durchführst, wirst du vielleicht eine Leichtigkeit dabei empfinden, freundlich und großzügig zu sein und anderen zu dienen. Du wirst vielleicht Freude dabei empfinden, einfach das bereitzustellen, was gerade gewünscht und benötigt wird.

Wie groß ist ein minimiertes JETZT? Es ist so groß wie die Zeitspanne für das Fällen einer neuen Entscheidung (eine Sekunde für das Fällen der Entscheidung und zwei Sekunden für das Neuordnen der Box). Wenn du das, was ist, so akzeptierst, wie es ist, in diesem Moment hier und JETZT, dann ist der nächste Moment unbelastet, so dass er völlig anders sein kann. Und genau das bedeutet das Managen von Möglichkeiten!!!

ABENTEUER 15

Entdeckung: Es existieren Lücken zwischen den Momenten.

Bedeutung: Eine Methode, wie unsere Box sich verteidigt, geschieht durch Erzeugung der Illusion, die Dinge würden ganz von selbst so bleiben, wie sie sind. Das stimmt nicht. Unsere Box arbeitet permanent daran, die Dinge so zu belassen, wie sie sind. Unsere Box strebt danach, Situationen als kontinuierlich erscheinen zu lassen. Aber die Dinge sind nicht kontinuierlich. Es gibt Lücken zwischen den Momenten.

Wir richten unsere größte kreative Anstrengung darauf, eine illusionäre Paste aufrechtzuerhalten, die alle unsere Erfahrungen von Augenblick zu Augenblick zu einem Bild zusammenschmiert, das uns fortlaufend erscheint. Wir neigen zu der Annahme, dass Augenblicke fest miteinander verbunden sind, weil unser Verstand sich leicht vom Bewegte-Bilder-Phänomen beeindrucken lässt. Wenn einzelne Bilder mit hoher Geschwindigkeit nacheinander auf eine weiße Leinwand projiziert werden, nehmen wir sie bekanntlich als ein einziges, weich verlaufendes, bewegtes Bild wahr. Ohne es zu wissen, gehen wir generell mit dem Leben in gleicher Weise um. Unsere Box nimmt die Gewohnheit an, Augenblicke zusammenzuschmieren, weil dies das Leben vorhersagbar, kontrollierbar, sicher und bequem für unsere Box erscheinen lässt. Was wir nicht erkennen, ist die Tatsache, dass uns das auch unsere Bewegungsfreiheit kostet. Possibility-Manager können ihre Aufgaben wirkungsvoller erledigen, wenn sie einen bewussten Zugang zu den Lücken zwischen den Momenten haben.

Jeder Augenblick steht einzigartig für sich. Zwischen jedem Augenblick gibt es eine Lücke in der Zeit, so wie die Lücke zwischen jedem Haus in einer Häuserzeile, oder der Abstand zwischen den Autos auf einem Güterzug. Durch jede Lücke können plötzliche, nicht-lineare Bewegungen gemacht werden. Das sind phantastische Neuigkeiten. So wie ein Filmcutter wählen kann, welche Szene in einem Film der nächsten folgt, kann ein Possibility-Manager lernen, auszuwählen, welche Richtung der nächste Augenblick nehmen wird, indem er das Timing beachtet. Indem wir uns der Lücke zwischen einem Moment und dem nächsten bewusst werden, entdecken wir, dass wir zu fast jedem Zeitpunkt unmittelbar eine neue Richtung einschlagen können.

Experiment: Du wirst sowohl mit den Unterhaltungen experimentieren, die du selbst führst, als auch mit denen, die andere führen. Beginne, dein JETZT zu minimieren und beobachte, dass du im Zustand des minimierten JETZT die Absicht, das Timing und die energetische Komponente der Worte und Sätze in einer Unterhaltung auf eine neue Art beachten kannst.

Ein Musiker spielt ein Lied nicht auf einmal. Auch wenn es sich für deine Ohren so anhört, als würden die Noten miteinander fließen: Der Musiker erkennt und spielt die Noten eine nach der anderen und ist sich sehr wohl der Zwischenräume und Intervalle zwischen den einzelnen Noten bewusst. Mit ein wenig Übung kann das Gleiche für unsere Unterhaltungen zutreffen. Statt die Unterhaltung wahrzunehmen, als fände sie auf einmal statt, verenge dein Wahrnehmungsfeld, um selbst ein winziges Stück der Unterhaltung mit einzuschließen. Lasse Schlussfolgerungen, Bedeutungen, Rückschlüsse und so weiter beiseite und gehe mit dem Gespräch so um, als sei dieses winzige Stück die Gesamtheit. Auf einmal ist die Szene, während sie sich vor dir abspielt, durchlässig.

Sobald du dein JETZT minimiert hast, warte auf eine Lücke. Das Experiment besteht darin, sich in einer Unterhaltung zu befinden mit einer bestimmten Stimmung, einem bestimmten Kontext, einer bestimmten Reihe von Möglichkeiten und dann in dem Moment, wo die Lücke sich öffnet, mit jedem in Kontakt zu bleiben und sich seitlich, durch die Lücke hindurch in eine neue Stimmung, einen neuen Kontext und zu neuen Möglichkeiten zu bewegen. Übe diese Bewegung so lange, bis der Übergang sanft ist und die Leute dir folgen, ohne den Wechsel zu bemerken.

ABENTEUER 16

Entdeckung: Der Raum bestimmt, was möglich ist.

Bedeutung: Bei unserer ersten Begegnung mit „Raum", einem Begriff aus dem Possibility-Management, denken wir vielleicht an Raum im Sinne von Zimmer. Mit Zimmer ist ein physischer Raum gemeint, bestehend aus vier Wänden, der Decke und dem Boden. Die Eigenschaft eines Zimmers ist die, dass es sich nicht bewegt oder verändert, es sei denn, es wird umgebaut oder zerstört.

Wir können uns visuell das Bild eines Zimmers zu Hilfe nehmen, um uns eine andere Art Raum vorzustellen: energetischen Raum. Der Unterschied zwischen physischem und energetischem Raum liegt darin, dass der energetische Raum beweglich ist. Energetischer Raum kann definiert, erweitert, geschrumpft, verändert werden und vielfältigen Zwecken dienen, alles in kürzester Zeit. Aufgrund dieser Eigenschaften erweist sich der energetische Raum als sehr nützliches Werkzeug im Possibility-Management. Wie funktioniert er?

In der Natur können wir energetischen Raum leicht bemerken. Wenn du dich einem Tier in freier Wildbahn näherst, kannst du beobachten, dass du dich ihm bis auf eine bestimmte, messbare Entfernung nähern kannst und es sich dann von dir wegbewegt. Das Tier erhält einen energetischen Raum um sich herum aufrecht und spürt, wenn du in diesen Raum eindringst.

Das gleiche gilt auch für Menschen, nur – wir haben mehr Wahlmöglichkeiten.

Energetischer Raum existiert entweder bewusst oder unbewusst. Du kannst ziemlich sicher davon ausgehen, dass du bisher meistens unbewusst mit energetischem Raum umgegangen bist. Durch Übung können wir lernen, den energetischen Raum bewusst zu nutzen. Bewusster energetischer Raum entsteht durch Deklaration, was bedeutet, dass Aufmerksamkeit von Absicht begleitet wird. Eine Deklaration ruft etwas ins Leben, das vorher noch nicht da war. Um energetischen Raum zu deklarieren, müssen wir seine Grenzen festlegen.

Die einfachste Art, die Grenzen eines energetischen Raumes festzulegen, besteht darin, die acht Punkte an seinen acht Ecken festzulegen. Genau wie die Ausdehnung eines physischen Raumes durch die vier Punkte an der Decke und die vier Punkte am Boden festgelegt ist, so ist auch der energetische Raum durch acht Punkte begrenzt.

Nachdem der Raum deklariert ist, wird er dadurch aufrechterhalten, dass wir einen gewissen Prozentsatz unserer Aufmerksamkeit für den Wunsch abzweigen, den deklarierten Raum weiterhin bestehen zu lassen. Wenn wir den Raum nicht mit unserer bewussten Absicht halten, dann wird der Raum nicht aufrecht erhalten. Wenn wir den Raum halten, dann dienen wir dem Raum als Raumhalter. Der Raumhalter ist derjenige, der festlegt, welchem Zweck der Raum gewidmet wird. Wenn der Raumhalter den Zweck des Raumes deklariert, dann kann ein Treffen stattfinden, bei dem sich zwei oder mehr Personen im Namen dieses Zwecks versammeln.

Jeder deklarierte Raum spiegelt seinen Kontext wieder. Der Kontext eines Raumes ist mächtiger als physikalische Gesetze. Das ist der Grund, warum es für die Naturwissenschaft so schwierig ist, Feuerlaufen, Löffelverbiegen, freies Schweben usw. zu erklären. Wenn der Kontext des Raumes durch wissenschaftliche Experimente deklariert wird, dann verbiegen sich keine Löffel, und wenn du auf glühenden Kohlen gehst, verbrennst du dich. Nur wenn der Kontext des Raumes verändert wird, verbiegen sich Löffel und Kohlen zeigen keine verbrennende Wirkung. Der Kontext des Raumes bestimmt, was in diesem Raum möglich ist. Auf diese Art erschafft ein Possibility-

Manager Möglichkeiten. Er deklariert einen Raum und hält ihn aufrecht im Namen des Prinzips der Möglichkeit.

Experiment: Übe dich darin, den Kontext von Räumen zu erkennen. Gehe von Raum zu Raum, von zu Hause ins Büro, ins Café, zum Laden, in die Autowerkstatt, ins Fitnessstudio usw. Übe dich darin, zu erkennen, wer den Kontext eines Raumes erzeugt und was dort möglich ist. Der Raumhalter ist nicht immer der, von dem du glaubst, dass er es sein sollte. In vielen Zusammenhängen gibt es Schlüsselfiguren, die keine offiziell anerkannte Funktion haben und dennoch als Raumhalter fungieren. Übe dich darin, in den Begegnungen, Gesprächen und Beziehungen, die Teil deines Lebens sind, selbst den Raum zu halten. Erkenne, was dazu gehört, den Raum mit Makellosigkeit und Möglichkeit zu halten.

Als ich begann zu lernen, wie man einen Raum hält, benutzte ich energetischen Klebstoff, um alles im Raum zu kontrollieren. Das erzeugte ziemlich starre Ergebnisse. Später begann ich ein wenig lockerer zu werden, aber nur ein bisschen. Dann konnte ich den Raum mit energetischem Schlamm statt Kleber halten. Ich hatte keine absolute Kontrolle mehr, daher war das beängstigender für mich. Aber die Menschen konnten sich zumindest bewegen – natürlich nur langsam, als steckten sie bis zu ihren Knien im Schlamm. Schließlich fand ich heraus, dass Raumhalten überhaupt nichts mit Kontrolle zu tun hatte und auch nicht meine Energie erforderte, sondern nur meine Aufmerksamkeit und meine Verbindlichkeit. Vollkommen für den Prozess und das Ergebnis eines Raumes verantwortlich zu sein und gleichzeitig keine Kontrolle zu haben, war ein beängstigender Gedanke. Aber mit etwas Übung gewannen die Räume, die ich hielt, Zugang zu beinahe unbegrenzter Energie, und – es war nicht meine Energie. Es war die Energie der Prinzipien, deren Dienst der Raum gewidmet war. Als Raumhalter hielt ich den Raum, durch den die Prinzipien, denen wir dienten, ihre Arbeit verrichten konnten. Inzwischen kostet es Anstrengung, den Raum nicht zu halten.

ABENTEUER 17

Entdeckung: Sucht ist nicht das Problem. Sucht ist die Lösung des Problems.

Bedeutung: Wenn es in den Kulturen unserer modernen westlichen Welt etwas gibt, was wir gemeinsam haben, dann ist es die einfache Verfügbarkeit und der weit verbreitete Gebrauch von süchtig machenden Substanzen. Betrachte einmal folgende Liste: Alkohol, Tabak, verschreibungspflichtige und nicht verschreibungspflichtige Drogen und Medikamente, koffeinhaltige Speisen und Getränke (Kaffee, Tee, Cola, Schokolade), Zucker, Fernsehen, Radio, Videos, Zeitungen, schnelles Fahren (Adrenalin), übermäßiges Essen (Endorphine), übertriebene Diäten, übertriebener Sport, Anpassung, übertriebenes Emailen oder Chatten, Streit mit unserem Partner, Einkaufssucht, Glücksspiele, Internet-Sex, mobiles Telefonieren...

Achte an diesem Punkt darauf, dich daran zu erinnern, dass die Denk-Abenteuer in diesem Buch eine revolutionäre Betrachtungsweise darstellen, keine moralische Liste oder das Aufstellen von Regeln. Ein Possibility-Manager ist an Energiemanagement interessiert und nicht daran, Dinge als gut oder schlecht, richtig oder falsch zu bewerten. Indem wir unsere eigene Aufmerksamkeit beobachten – und damit auch unseren Energiefluss während des Tages von einem Moment zum anderen – werden wir schließlich nicht umhin können, die anhaltenden kleinen Ja/Nein-Gespräche zu erkennen, die hinsichtlich unseres Suchtverhaltens in unserem Kopf vor sich gehen. Süchte verzehren unsere Aufmerksamkeit und damit auch unsere Energie. Wie können wir als Possibility-Manager damit umgehen?

Jeder von uns hat zum Neuen Jahr schon einmal neue Vorsätze gefasst mit dem Zweck, einen Teil des eigenen Suchtverhaltens zu ändern. Wir wissen aber auch, dass wir in dem Moment der Entscheidung - ob wir der Sucht nachgeben oder nicht - oft erst nach der Fress-, Sauf- oder Einkaufstour „aufwachen" und uns dann fragen, wer hier eigentlich die Entscheidungen fällt. Wir spazieren an einer Bäckerei vorbei und sagen uns, dass wir definitiv nichts Süßes essen werden, und im nächsten

Moment der Selbstbesinnung werfen wir gerade eine leere Gebäcktüte in den Papierkorb und lecken uns die Finger ab.

Experiment: Wenn Sucht nicht das Problem ist – wenn Sucht sogar die Lösung des Problems ist – was ist dann das Problem? Das Experiment hier besteht darin, in Betracht zu ziehen, dass nicht die süchtig machende Substanz selbst das Problem ist, sondern das Problem eher in der Intensität unseres Gegenwärtigseins liegt. Genau diese Intensität wird durch die süchtig machenden Substanzen abgeschwächt. Es gibt zwei Arten von Intensität, die aus dem Im-Moment-Sein resultieren können. Zum einen können lange unterdrückte und unvollständige Emotionen mit bezwingender Wucht an die Oberfläche kommen. Zum zweiten entsteht, wenn wir mit den Dingen in der Gegenwart sind, so wie sie tatsächlich sind, plötzlich die Möglichkeit zur Veränderung. Wenn man Situationen lange Zeit durch Nichtakzeptanz aufrechterhalten hat, dann kann die Erfahrung der Veränderung sehr intensiv sein. Es ist anzuraten, dieses Experiment über einen Zeitraum von einigen Monaten hinweg graduell und Schritt für Schritt durchzuführen. Wir beginnen das Experiment mit der Entscheidung, die Toleranzschwelle für die Intensität, die wir erfahren, wenn wir präsent sind, zu erhöhen.

Erster Schritt: Wähle deine Lieblingssucht aus. (Ach so, okay! Dann wähle deine zweitliebste Sucht...)

Zweiter Schritt: Achte darauf, wann der Drang, es zu tun, wiederkommt. Das nimmt vielleicht eine Zeit von drei Minuten bis drei Tagen in Anspruch.

Dritter Schritt: Richte deine Aufmerksamkeit weiterhin auf den Wunsch, es zu tun, tue es aber nicht. Bedenke, dass die Entscheidung, es nicht zu tun, immer nur jetzt getroffen wird. Für den weiteren Verlauf dieses Experiments ist es hilfreich, dein JETZT zu minimieren.

Vierter Schritt: Atme weiter. Versuche zu entspannen.

Fünfter Schritt: Achte auf das Gefühl oder die Emotion, die sich unterhalb deiner normalen Bewusstseinsebene befindet und die mehr und mehr in die Gegenwart dringt, je länger du dich der süchtig machenden Substanz enthältst. Ist das Gefühl Wut? Ist es Kummer? Ist es panische Angst? Interessanterweise ist ein Gefühl, das durch den Gebrauch süchtig machender Substanzen oft vermieden wird, die intensive Empfindung von Wohlergehen, von Freude, von überwältigendem Glück. Setze deine innere Intensitätsschwelle weiter herauf. Lasse es immer mehr zu, das Gefühl intensiv zu erleben. Versuche dich daran zu gewöhnen. Bleibe dabei, solange du kannst. Überprüfe immer wieder, ob die Situation für dich noch in Ordnung ist. Die Entscheidung darüber, dieses Gefühl zu betäuben, kann vielleicht eine alte Entscheidung sein, die du unter anderen Umständen getroffen hast, unter denen es bedrohlich war, diese Intensität zu fühlen. Diese Entscheidung muss heute nicht mehr unbedingt gelten. Du bist als erwachsene Person darauf ausgelegt, hundert Prozent Intensität zu empfinden.

ABENTEUER 18

Entdeckung: Vertrauen ist eine Entscheidung.

Bedeutung: Vertrauen ist kein Gefühl; Vertrauen ist eine Entscheidung. In Bezug auf das Vertrauen uns selbst und anderen gegenüber können wir aufhören, darauf zu warten, dass irgendein imaginäres Gefühl von Vertrauen in uns erwacht. Wir werden nur dann vertrauen, wenn wir uns entscheiden, zu vertrauen.

Oft schließen wir Möglichkeiten aus, die wir mit bestimmten Leuten erschaffen könnten, weil wir gewisse Erfahrungen mit ihnen gemacht haben und diese nicht wiederholen möchten. Infolgedessen erfinden wir in Bezug auf eine solche Person die Geschichte, dass SIE UNZUVERLÄSSIG IST, und dann widmen wir uns dem Ziel, Beweise zu finden, die diese Geschichte untermauern. Wir beschließen: ICH VERTRAUE DIR NICHT.

Alternativ dazu schließen wir vielleicht Möglichkeiten aus, die wir haben könnten, weil wir bestimmte Erfahrungen mit uns selbst gemacht haben, die wir nicht wiederholen möchten. Als Folge davon erfinden wir die Geschichte, dass WIR UNZUVERLÄSSIG SIND, und dann widmen wir uns dem Ziel, Beweise zu finden, die diese Geschichte untermauern. Wir beschließen: ICH VERTRAUE MIR NICHT.

In beiden Fällen eröffnet uns die Entdeckung, dass Vertrauen eine Entscheidung ist, Zugang zu einem neuen Gebiet. Wenn wir „Ist"-Kleber verwenden, um die Geschichte zu erfinden, dass eine andere Person unzuverlässig ist, dann errichten wir Grenzen oder Mauern, um uns vor ihr zu schützen. Wenn wir „Ist"-Kleber verwenden, um die Geschichte zu erfinden, dass wir selbst unzuverlässig sind, dann errichten wir Grenzen oder Regeln, um uns vor uns selbst zu schützen.

Die Anwendung der Entdeckung, dass Vertrauen eine Entscheidung ist, legt die Kraft in unsere Hände zurück. Ohne dabei naiv zu sein, können wir Verantwortung übernehmen und eine neue Entscheidung treffen. Wenn die alte Entscheidung lautete: ICH VERTRAUE DIR NICHT, dann lautet die neue Entscheidung: ICH VERTRAUE MIR, DASS ICH IN DEINER NÄHE AUF MICH ACHT GEBEN KANN. War die alte Entscheidung: ICH VERTRAUE MIR SELBST NICHT, dann ist die neue Entscheidung: ICH VERTRAUE MIR SELBST, DASS ICH IN MEINER NÄHE AUF MICH ACHT GEBEN KANN.

Experiment: Dieses Experiment hinsichtlich Vertrauen besteht aus vier Schritten.

Schritt eins: Wähle jemanden aus, dem du misstraust. Das könnte ein Kollege sein, ein Mitarbeiter deines Projektteams, dein Chef, deine Eltern, deine Kinder oder sogar eine ganze Personengruppe, wie die Polizei oder die Regierung.

Schritt zwei: Beobachte, wie deine Misstrauensgeschichte deine Fähigkeit, die Wirklichkeit unmittelbar wahrzunehmen, durchdringt und verunreinigt. Die Misstrauensgeschichte zwingt dich, Beweise zu suchen, die dir Gründe für dein Misstrauen liefern, und gleichzeitig zwingt sie dich dazu, die Fülle an Beweisen für das Gegenteil zu ignorieren. Der Wunsch, die Schwächung deiner Wahrnehmung zu unterbinden, ist Ansporn genug, um deine Box in Bezug auf das Thema Vertrauen zu erweitern.

Schritt drei: Triff in Bezug auf die Person die neue Entscheidung: ICH VERTRAUE MIR, DASS ICH IN DEINER NÄHE AUF MICH ACHT GEBEN KANN. Dann handle gemäß deiner neuen

Entscheidung. Vertraue dieser Entscheidung UND gib auf dich acht, wenn du mit dieser Person zusammen bist. Nachdem du die neue Entscheidung getroffen hast, mache dir Gedanken über die Frage: Bist du immer noch ein Opfer?

Schritt vier: Du musst der Person deine neue Entscheidung nicht unbedingt mitteilen. Du musst dich nur selbst an deine Entscheidung erinnern, wenn du an die Person denkst oder mit ihr zu tun hast. Beobachte alle Veränderungen, die als Folge deiner neuen Entscheidung auftreten. Vorschlag: Achte darauf, dein Schwert der Klarheit nicht niederzulegen. Niemals! Du wirst dein Schwert der Klarheit brauchen, um auf dich acht zu geben. Sei dankbar dafür, dass diese Person zur Schulung deiner Wachsamkeit in deinem Leben anwesend ist.

ABENTEUER 19

Entdeckung: Entdeckungen schaffen Klarheit. Klarheit schafft Möglichkeiten.

Bedeutung: Dies ist eine doppelte Entdeckung, bekannt als „die Entdeckung der Unterscheidungen". Um ihre Nützlichkeit darzulegen, schlage ich vor, mit der Definition der Begriffe UNTERSCHEIDUNG, KLARHEIT und MÖGLICHKEIT zu beginnen.

UNTERSCHEIDUNG: Obwohl Unterscheidungen mit Worten formuliert und mit dem Verstand erwogen werden können, werden sie im Körper gehalten. Wir könnten so weit gehen, zu behaupten, dass das, was uns ausmacht, die Unterscheidungen sind, die wir in unserem Gewebe, unseren Zellen und unserem Nervensystem verinnerlicht haben. Eine Unterscheidung kann nur dann im Körper verinnerlicht und aufrechterhalten werden, wenn eine entsprechende interne Grundlage (Matrix) vorhanden ist. Diese Matrix wird nicht vom Intellekt aufgebaut. Denn das intellektuelle Verstehen einer Unterscheidung führt nicht zu der Fähigkeit, diese in unserem Leben umzusetzen. Ganz im Gegenteil, die Bindung einer Unterscheidung an den Intellekt kann in der Tat dazu dienen, den Prozess des wirklichen

BEGREIFENS EINER UNTERSCHEIDUNG zu blockieren. Das Erlebnis des BEGREIFENS EINER UNTERSCHEIDUNGEN ist der Prozess, in dem die Unterscheidung in unseren Körper eindringt und die Struktur unserer Box neu ordnet. Wir können es fühlen, wenn die Teile unserer Box auseinander fallen, sich hin und her bewegen und sich dann wieder zu einer neuen Form zusammensetzen, die komplexer, differenzierter, präziser, weiträumiger, eleganter und weiter entwickelt ist. Dies sind die Mechanismen, durch die wahre Veränderung stattfindet. Während wir uns von einem festen Zustand zum anderen festen Zustand verändern, müssen wir – zumindest für eine kurze Zeit – einen Flüssigzustand durchlaufen, während dessen die Bestandteile unserer Box beweglich zueinander werden. Possibility-Manager lernen, den Flüssigzustand zu erkennen und ihn sogar zu genießen. Gelegentlich kann man Possibility-Manager Worte murmeln hören wie: „Ah, schon wieder im Flüssigzustand! Meine Box ist wohl gerade mit ihrer Neuordnung beschäftigt." Unterscheidungen können somit als Ursache für die Neuordnung der Box definiert werden.

KLARHEIT: Klarheit ist das, was bleibt, wenn wir aufhören, verwirrt zu sein. Der unausgesprochene Vorteil von Verwirrung ist die Erzeugung der Illusion, dass wir Verantwortung vermeiden können. Die Entdeckung hier jedoch ist die, dass Verantwortung nicht vermieden werden kann. Unterscheidungen zerstören Verwirrung und erzeugen Klarheit. Je mehr Verwirrung zu opfern wir bereit sind, desto mehr Klarheit repräsentieren wir. Das nennen wir Desillusionierung. Klarheit ist ein Prinzip, eine Naturgewalt, der wir dienen können. Wenn wir Klarheit gewinnen, dann gewinnen wir automatisch das sofortige Wissen darüber, was wir tun müssen, um das, was im Augenblick gebraucht und erwünscht ist, zur Verfügung zu stellen. Das wird als Möglichkeit bezeichnet.

MÖGLICHKEIT: Möglichkeit ist die Anzahl der tatsächlichen Optionen, die uns zur Auswahl stehen. Wenn wir mehr Optionen haben, dann haben wir mehr Möglichkeiten. Mehr Möglichkeiten erweitern unser Vermögen zu tun, zu machen, zu wählen, zu fragen, zu handeln, zu definieren, zu verändern, zu sehen, in Beziehung zu seien und so weiter. Sollten wir uns jemals in einer Situation wiederfinden, in der wir keine Möglichkeiten besitzen, dann kann das daran liegen, dass wir keine Klarheit haben. Wenn wir keine Klarheit haben, dann kann das daran liegen, dass wir bestimmte Unterscheidungen nicht getroffen haben.

Experiment: Wähle eine bestimmte Situation aus deinem Alltag, in der du keine Wahlmöglichkeiten hast. Das kann alles sein, angefangen von der Möglichkeit, eine Gewohnheit zu ändern oder einem Vorgesetzten ein Thema zur Prüfung vorzulegen; der Möglichkeit, schnelle, klare Entscheidungen zu fällen; der Möglichkeit, Geld zu verdienen, deine Zeit bestmöglich zu nutzen; der Möglichkeit, zu kommunizieren, Niedere Dramen zu vermeiden, verbindliche Abmachungen einzuhalten; der Möglichkeit, dein Leben so einzurichten, dass du das tust, was dir wirklich wichtig ist; der Möglichkeit, authentisch, verwundbar und offen zu sein, bis hin zu der Möglichkeit, präsent zu sein, dich mit anderen Menschen zu verbinden und so weiter. Wähle einen Bereich deines Lebens aus, der von Verwirrung umnebelt ist. Nachdem du die Situation gewählt hast, die du gerne verändern möchtest, nimm ein Blatt Papier und schreibe zu folgenden zwei Fragen eine Reihe von Antworten auf: Was passiert hier gerade wirklich? Welcher Mechanismus in mir verhindert es, dass ich aus dieser Situation das Größtmögliche heraushole? Höre nach fünf oder zehn Antworten nicht auf. Mache weiter. Wage es, die nächste Frage zu stellen. Schreibe nicht-lineare Antworten auf. Schreibe aus dem Raum heraus, aus welchem du die Antworten nicht kennst. Lasse die Antworten in dich einwirken, während du isst, Auto fährst, arbeitest oder schläfst. Dann schreibe ein paar weitere Antworten auf. Als nächstes berufe ein Sondertreffen deines Möglichkeiten-Teams ein oder all derjenigen, die an Possibility-Management interessiert sind. Erläutere ihnen die Situation und zeige ihnen deine Antworten. Bitte sie um Möglichkeiten für dich, indem sie dir die Unterscheidungen aufzeigen, die dir fehlen. Schreibe sie auf und lasse sie auf dich wirken. Gehe durch den Flüssigzustand. Dann fange von vorne an und erzeuge aus den gleichen Umständen heraus neue Ergebnisse.

ABENTEUER 20

Entdeckung: Emotionen sind unvollständige Gefühle.

Bedeutung: Es gibt vier grundlegende Gefühle: Wut, Traurigkeit, Freude und Angst. Alle anderslautenden Gefühle können in eine dieser vier Kategorien eingeordnet werden.

In unserer Erziehung wurde uns beigebracht zu glauben, dass es drei schlechte Gefühle (Wut, Traurigkeit, Angst) und ein gutes Gefühl (Freude) gibt. Zu denken, dass bestimmte Gefühle schlecht bzw. negativ sind, führt automatisch dazu, dass uns die in diesen Gefühlen enthaltenen Energien und Weisheiten nicht zur Verfügung stehen. Possibility-Manager sind darauf angewiesen, die Energie und die Weisheit ihrer Gefühle zu nutzen. Deshalb ist das Fühlen und Erkennen der vier Gefühle sowohl bei uns selbst als auch bei anderen eine entscheidende Fertigkeit im Possibility-Management.

Es gilt jedoch eine Unterscheidung zu treffen, bevor wir auf dem Gebiet der Gefühle verantwortlich handeln können, und zwar die Unterscheidung zwischen Emotionen und Gefühlen. Emotionen sind unvollständige Gefühle. Was bedeutet das?

Wenn wir ein Gefühl haben, so steigt es ganz natürlich auf, wird ausgedrückt und verschwindet dann wieder vollkommen aus unserem Körper, und das in Sekundenschnelle. Wenn wir nicht in der Lage sind, das Gefühl vollkommen zu erleben und auszudrücken, weil es nicht erlaubt ist oder weil es zu einer bestimmten Zeit gefährlich ist (was oft im Kindesalter der Fall ist), dann wird die unvollständige Kommunikation in unserem Körper als Emotion gespeichert, manchmal jahrzehntelang.

Das erklärt, warum es so intensiv für jemanden sein kann, im Hier und Jetzt zu sein. Sobald wir uns in die Gegenwart begeben, kommen sämtliche Gefühle, die wir weggesperrt hatten, langsam wieder hoch. Wenn wir uns außerhalb der Gegenwart bewegen und unsere Aufmerksamkeit auf die Vergangenheit oder Zukunft gerichtet halten – egal worauf, nur nicht auf das Jetzt – oder wenn wir unsere Aufmerksamkeit auf Andere oder auf potenzielle Probleme richten – auf alles, nur bloß nicht auf das Hier – dann müssen wir die Gefühle, die in unserem Körper eingesperrt sind, nicht anerkennen und erleben. Und dennoch sind die Emotionen da, und sie können uns immer noch beeinflussen.

Es sind zum Beispiel oft die Emotionen, die uns ins Niedere Drama hineinziehen. Wie geht das vor sich? Wenn eine vergangene Situation, in der wir Gefühle hatten, diese aber nicht ausdrücken konnten, von einer gegenwärtigen Situation widergespiegelt wird, dann werden die damals eingesperrten Gefühle wieder belebt. Wir sagen dazu: „Unsere Knöpfe werden gedrückt." Und das aus gutem Grund: Die Knöpfe an uns sind wie die Knöpfe an einer Maschine. Wenn du den Cola-Knopf am Automaten drückst, kommt Cola heraus. Wenn du den Limo-Knopf drückst... – in dieser Beziehung funktionieren wir mechanisch. Wenn wir mutig genug sind, können wir unser wiederkehrendes Verhalten beobachten. Wenn wir an der Klärung unserer emotionalen Muster arbeiten, dann werden wir uns nicht mehr so leicht ins Niedere Drama hineinziehen lassen.

Du kannst außerdem noch auf eine andere Art feststellen, ob du ein Gefühl oder eine Emotion erlebst. Hast du dich jemals dabei beobachtet, wie du wütend wirst, deine Wut wächst und du eine Stunde später immer noch wütend bist? Das ist emotionale Wut, kein Gefühl. Hast du dich jemals selbst dabei beobachtet, wie du traurig oder ängstlich bist und am nächsten Tag das Gefühl immer noch da ist? Das sind Emotionen. Sogar Freude kann emotionale Freude sein. Emotionen können niemals vollendet werden, so lange wir die Emotionen nicht mit dem verbinden, was gerade jetzt passiert, statt mit dem, was sie ursprünglich in unseren Körper eingesperrt hat.

Vielleicht hast du dich auch schon einmal plötzlich ohne einen nachvollziehbaren Grund ängstlich, wütend, traurig oder glücklich gefühlt. Du schaust zum Beispiel einen kleinen schwarzen Hund an, der die Straße entlang geführt wird, und du bekommst Angst. Oder du siehst eine Frau, die einen roten Mantel trägt und fühlst dich wütend. Diese Emotionen können Manifestationen unausgedrückter Gefühle von alten Erfahrungen sein, die vor langer Zeit aus unserem bewussten Gedächtnis verblasst, in unserem Körper aber noch immer vorhanden sind.

Experiment: Bei dem, was wir fühlen, handelt es sich meistens um Emotionen, nicht um Gefühle. Es kann tatsächlich so sein, dass wir bisher fast noch nie ein Gefühl erlebt haben. Das bedeutet, dass unsere Wut, selbst wenn uns jemand wirklich auf die Nerven geht, in Wirklichkeit nichts Bestimmtes mit dieser Person zu tun hat. Sie könnte auch stellvertretend für jemanden aus unserer Vergangenheit stehen, der uns ursprünglich einmal auf die Nerven gegangen ist, mit dem wir aber die Kommunikation nicht abschließen konnten. Solange wir die Kommunikation mit der ursprünglichen Person nicht abgeschlossen haben, werden unsere Emotionen weiter bestehen und uns dazu antreiben, bewusst oder unbewusst nach einer emotionalen Verstrickung zu suchen.

Dieses Experiment besteht aus zwei Phasen. Die zweite Phase kann erst abgeschlossen werden, wenn wir die erste Phase erfolgreich vollendet haben.

Phase eins: Nimm dich selbst genau unter die Lupe. Dokumentiere ein Muster, bei dem du stets die gleiche Emotion durchlebst, den gleichen Tonfall, die gleiche Körperhaltung oder die gleichen Chemikalien, die durch deine Adern rinnen. Vielleicht macht dir jemand Angst, sowie er in deiner Nähe ist. (Du weißt bereits, von wem ich rede.) Vielleicht gibt es eine bestimmte Art von Gesprächen oder bestimmte Themen, die dich ohne ersichtlichen Grund in Rage bringen. Schreibe dieses Muster klar formuliert auf, zum Beispiel: „Ich beobachte, dass ich immer dann emotionale Wut verspüre, wenn sich mir ein Schaffner nähert." Schau einmal, ob du zwei oder drei solcher Muster in dir finden kannst.

Phase zwei: Wähle eines der Muster aus, die du oben identifiziert hast, vielleicht jenes mit der größten emotionalen Aufladung (oder auch der kleinsten; wie du willst). Gehe zu der betreffenden Person – es wird immer eine Person geben, die darin verwickelt ist – und bitte sie darum, mit ihr reden zu dürfen. Erkläre ihr in diesem Gespräch, dass du ein emotionales Reaktionsmuster in dir selbst entdeckt hast und dir klar ist, dass das nichts mit ihr persönlich zu tun hat. Erkläre, dass du gerne herausfinden möchtest, mit wem es etwas zu tun hat, damit du die Kommunikation beenden kannst. Dann überlege einen Moment lang. Normalerweise entsteht innerhalb einer Minute ein Bild.

Wenn das Bild klarer wird, hast du die Wahl. Du kannst die Person darum bitten, die Rolle der ursprünglichen Person zu spielen oder du kannst deine Botschaft aufschreiben. In beiden Fällen muss deine Botschaft klar, direkt und im Allgemeinen laut sein. Bitte die Person darum, zu wiederholen, was du ihr gesagt hast. Wenn du fertig bist, danke der Person für das Rollenspiel. Oder, falls du die Mitteilung aufgeschrieben hast, zerreiße sie und verbrenne sie dann.

ABENTEUER 21

Entdeckung: Feedback ist Gold.

Bedeutung: Bevor wir eine Landkarte benutzen können, müssen wir zuerst wissen, wo wir uns auf ihr befinden. Die Information, die unseren Aufenthaltsort auf der Landkarte markiert und das kleine „X“ darstellt, das uns sagt: „DU BEFINDEST DICH HIER!“ heißt Feedback. Ohne Feedback können wir unseren Weg zu den auf der Karte eingezeichneten Schätzen nicht finden. Darum sagen wir: „FEEDBACK IST GOLD!“

Woher bekommen wir Feedback? Die Welt ist ein riesiger Feedback-Generator. Wenn wir zum Beispiel vereinbart haben, jemanden um neun Uhr anzurufen, es erst um fünf Minuten nach neun tun und die Person dann für den Rest des Tages in einem Meeting ist und jemand anderes den Vertrag mit ihr abschließt, dann ist das Feedback. Wenn dich ein Kunde anruft und dir einen neuen Kunden empfiehlt, dann ist auch das Feedback.

Jede Bewegung, die wir machen oder nicht machen, jeder Gedanke, den wir denken oder den zu denken wir vermeiden, jedes Wort, das wir aussprechen oder verschweigen, alles, worauf wir unsere Aufmerksamkeit richten oder gerade nicht, hat eine Auswirkung auf unser Umfeld, und unsere Umgebung reagiert fortwährend darauf.

Wir erkennen den Inhalt dieses Feedbacks an unserem Gesundheitszustand, an der Qualität unserer Beziehungen, am Zustand unseres Eigentums und Besitzes, an der Bilanz unseres Bankkontos und an der Art, wie andere Menschen uns erleben.

Für die Welt ist offensichtlich, was wir kreieren. Nur für uns liegt es im Verborgenen. Wir können erst dann Nutzen aus diesem Feedback-Generator ziehen, wenn wir bereit sind zuzulassen, dass unsere BOX sich verändert.

Wenn wir unsere Beziehung zu Feedback dahingehend verändert haben, dass wir seinen Wert erkennen – unabhängig davon, wie unerwartet sein Inhalt ist –, dann gibt es nichts, was wir nicht erreichen können. Je ausgefeilter und zuverlässiger unser Feedback-System ist, desto wirkungsvoller können wir in unbekannten Gebieten agieren. Eine unserer vorrangigen Aufgaben als Possibility-Manager ist es, einen immerwährenden Strom von ehrlichem, treffendem Feedback für uns selbst zu kreieren. Das ist die Absicht und Aufgabe unseres Möglichkeiten-Teams.

Experiment: Sei gewarnt. Das hier ist eine intensive Übung, die all deinen Mut erfordert. Es wird sehr empfohlen, diese Übung einmal im Jahr zu wiederholen. Verbringe fünfzehn Minuten damit, eine Liste von all denjenigen zu machen, von denen du oder jemand anders denkt, dass du in einem Konflikt mit ihnen bist. Deine Liste kann zehn bis dreißig Menschen umfassen. (Nebenbei bemerkt, wenn du dich wirklich gerade nur mit zehn Menschen nicht in Einklang befindest, dann riskierst du wahrscheinlich weder in deinem privaten noch beruflichen Leben genug. Ja, das ist Feedback.)

Dann nimm in der nächsten Woche Kontakt zu jedem dieser Menschen auf, entweder persönlich, per Telefon oder durch einen handgeschriebenen Brief (nicht per Email!) und bitte sie, dir direktes, ehrliches und konfrontierendes Feedback zu geben.

Du musst ihnen vielleicht einen guten Grund nennen, warum du plötzlich offen dafür bist, ihnen zuzuhören. Sage ihnen, du möchtest deine Angelegenheiten im Hinblick auf eine eventuelle Beförderung in Ordnung bringen. Erzähle ihnen, dass du dich festgefahren fühlst und denkst, sie könnten dir helfen. Erzähle ihnen was auch immer nötig dafür ist, dass sie dir ihr Feedback geben. Sei kreativ und beharrlich. Wenn sie beginnen, unterbrich sie nicht mit Fragen, Kommentaren oder Erklärungen. Höre einfach zu.

Sobald sie mit ihren ersten Gedanken fertig sind, sage einfach „Danke." Dann mache eine Pause. Dann sage: „Noch etwas?" Erst wenn sie sehen, dass du dich nicht verteidigst oder in Selbstmitleid versinkst und du aufrichtig offen und interessiert bist an dem, was sie zu sagen haben, dann kommt das wirkliche Gold zu Tage. Schreibe danach auf, was sie dir gesagt haben, damit du nicht „zufälligerweise" etwas vergisst. Schicke handschriftlich kurze Briefe: „DANKE FÜR DAS FEEDBACK!". Dann beobachte in den darauf folgenden Wochen alle Veränderungen in deiner Beziehung zu diesen Menschen.

ABENTEUER 22

Entdeckung: Wir können andere Menschen verändern, indem wir unsere Geschichten über sie verändern.

Bedeutung: Unsere zu einer bestimmte Person gesammelte Erfahrung wird gewaltsam auf unsere Geschichte zu dieser Person beschränkt. Jedes Mal, wenn wir eine Person sehen, über sie nachdenken oder über sie sprechen, handeln wir so, als ob wir bereits wüssten, wer sie ist, weil wir unsere Geschichte über sie kennen. Wir widmen uns dann dem Ziel, uns an alte Beweise zu erinnern oder neue Beweise zu finden, um unsere Geschichte zu untermauern. Jedes Mal, wenn wir Beweise finden, denken wir: „Da schau her! Die Geschichte IST wahr. HIER IST DER BEWEIS!" Wir verfahren weiterhin mit dieser Person, als sei sie unsere Geschichte über sie. Es ist schockierend, zu erkennen, dass wir glauben, unsere Geschichten seien wahr, obwohl wir sie GERADE erst selbst erfunden haben!!! Es ist sogar noch schockierender zu erkennen, dass wir durch den Glauben an unsere eigenen Geschichten nie erfahren werden, wer eine Person wirklich ist!

Die Tatsache, dass wir unseren eigenen Geschichten glauben, ist ein Gesetz der Box-Mechanismen. An diesem Gesetz ist nichts falsch oder schlecht. Es beschreibt auf neutrale

Weise, wie die Box funktioniert. Im Possibility-Management versuchen wir, die grundlegenden Mechanismen der Box zu verstehen und sie dann bewusst für andere Zwecke einzusetzen. In diesem Fall können wir grundlegende Verantwortung für unsere erfundenen Geschichten übernehmen, indem wir uns daran erinnern, dass es für jede Geschichte immer genug Beweise gibt. Die bloße Erinnerung an solch ein nicht-lineares Prinzip bringt uns in den funktionierenden Kontext des Possibility-Managers, wo wir unbestritten die Macht haben, neu zu bestimmen, wer Menschen sind, indem wir die Geschichten neu erfinden, die wir über sie erschaffen. Da es Beweise gibt, JEDE Geschichte zu untermauern, warum erfinden wir nicht Geschichten, die Heilung zur Folge haben? Wo die Menschen mehr Möglichkeiten haben? Wo sie tapfer und freundlich, gesund und glücklich sein können? Wenn wir es wirklich ernst damit meinen, die Identität der Menschen neu zu beleben, dann reicht sogar die kleinste Spur eines Beweises dafür aus, um eine vollkommen neue Geschichte über sie zuzulassen. Wenn wir hartnäckig genug bei unserer neuen Geschichte voller Möglichkeiten bleiben, wenn wir uns weigern, diese neue Meinung zu ändern, dann ändern wir tatsächlich ihre Identität, indem wir unsere Erfahrung zu ihnen verändern.

Experiment: Um das Experiment durchzuführen, das darin besteht, die Identität der Leute durch neue Geschichten über sie zu verändern, müssen wir erst einmal die Lautstärke aufdrehen, mit der unser innerer Geschichtenerzähler erzählt. Wir müssen zu einem bewussten Publikum unserer inneren Fernsehshow werden und uns bewusst werden, dass wir in der Tat einen inneren Geschichtenerzähler haben. Erst nachdem wir die Aufteilung vollzogen und ein inneres Publikum für unsere Show geschaffen haben, können wir damit beginnen, die verschiedenen Geschichten einzuordnen, die wir ständig über uns selbst und andere erfinden. Das gesamte Experiment besteht aus drei Stufen.

Nimm dir während der Mittagspause, während einer langen Sitzung oder einer Party, auf der sehr viele dir bekannte Menschen sind, zehn Minuten lang Zeit und setze dich mit einem Blatt Papier irgendwo alleine hin. Unterscheide innerlich zwischen dem Geschichtenerzähler und dem Zuhörer. Dann schreibe zehn Minuten lang all die Geschichten auf, die der Erzähler erzählt. Schaue dir einfach eine Person aus und erfinde eine Geschichte über sie, eine gute, schlechte oder hässliche. Schreibe dir auch die Beweise auf, die du verwendest, um diese Geschichte zu untermauern.

Wähle drei Menschen aus, über die du Geschichten erfunden hast, die generell negativ sind oder andere Leute außer Gefecht setzen. Wir haben beispielsweise geschrieben: „Bob – kontrollierend, manipulativ, erschöpft, wütend, sieht immer nur die negative Seite der Dinge." Zuerst überlege dir dabei, welcher unserer Absichten es dient, solche Geschichten aufrecht zu erhalten. (Eine der am weitesten verbreitete Absicht ist die, einen Feind zu haben!) Nun schreibst du neue Möglichkeits-Geschichten für jede dieser drei Personen, inklusive der speziellen Beweise, die du zur Untermauerung dieser neuen Geschichten verwenden könntest. Du könntest zum Beispiel schreiben: „Bob – ein Visionsträger für Tadellosigkeit, dem Erfolg verpflichtet, berücksichtigt auch Details, besitzt entscheidende Führungsstärken."

Lies während der nächsten Tage immer wieder deine möglichen Geschichten über diese drei Personen durch. Verwende immer, wenn du an sie denkst, nur deine neuen Geschichten. Ignoriere die alten Beweise. Achte darauf, ob sich deine Wahrnehmung von ihnen verändert. Erzähle nach und nach einigen anderen Menschen deine neuen Geschichten über diese Personen. Versuche nicht, irgend etwas zu beweisen oder zu diskutieren. Sage einfach, dass es für dich so ist. Betrachte die neuen Geschichten als wahr. Dann, wenn sich die Gelegenheit ergibt, mit einer der drei Personen, die du neu erfunden hast, zusammen zu sein, erzähle ihnen, wer sie für dich sind. Beschränke dich auf die Beweise. Führe keine Gründe an, warum du ihnen das erzählst. Beobachte, was passiert.

ABENTEUER 23

Entdeckung: Wir können verändern, wer wir sind, indem wir die Geschichten anderer Leute über uns verändern.

Bedeutung: Unter Anwendung der Methode des Turbolernens (Rapid Learning) bekommen wir als Possibility-Manager bereits jede Menge wertvolles Feedback. Es ist mehr als deutlich, wie kostbar unsere Fähigkeit ist, dieses Feedback zu nutzen, um uns zu verändern. Wenn die Erfahrungen, die andere Leute mit uns machen, sich verändern und wir ein anderes Feedback von ihnen bekommen, wissen wir, dass wir uns wirklich verändert haben. Wir können die Erfahrung, die andere Leute von uns haben, dadurch verändern, dass wir die Geschichten, die sie über uns erfinden, verändern. Um die Geschichten anderer Leute über uns zu verändern, müssen wir ihnen neue Beweise liefern. Wenn sie neue Beweise haben, können sie neue Geschichten über uns erfinden.

Um neue Beweise zu liefern, müssen wir einige der Eigenschaften – unserer Art zu sein – verändern. Denn es ist unsere Art zu sein, aus der Geschichten entstehen. Wenn uns die Leute beispielsweise als verschlossen, überlegen, kalt, wertend oder einsam erleben und wir beschließen, dass wir uns verändern wollen, indem wir ihre Geschichten über uns verändern, dann müssen wir unsere Eigenschaften verändern.

Wie verändern wir unsere Eigenschaften? Ein Possibility-Manager weiß, dass bei dem Versuch, etwas zu tun, von dem wir nicht wissen, wie es geht, die innere Verpflichtung an erster Stelle steht. Folglich verpflichten wir uns zunächst dazu, die Eigenschaft unseres Seins zu verändern. Dann gehen wir los und führen das Experiment durch.

Experiment: Wir beginnen mit der Auswahl einer Eigenschaft, die wir verändern wollen. Nehmen wir als Beispiel Verschlossenheit. Das Gegenteil von Verschlossenheit wäre Offenheit. Wir verpflichten uns zur Offenheit. Dann listen wir Verhaltensweisen und Einstellungen eines Menschen mit der Eigenschaft Offenheit auf.

Vielleicht schaut dieser Mensch anderen in die Augen, ohne bereits ein inneres Bild von ihnen zu haben.

Vielleicht redet er weniger, hört mehr zu und gibt nur positive Kommentare ab.

Vielleicht teilt er persönliche Freuden oder Schwierigkeiten, die er erlebt hat, anderen mit.

Vielleicht hält er in seiner Eile gelegentlich inne und spricht mit Leuten, die er bislang noch nicht kannte.

Vielleicht fragt er andere um Rat.

Vielleicht interessiert er sich für andere Menschen usw.

Dann verwenden wir diese Ideen über die Auswirkungen von Offenheit als persönliche Liste von Handlungsschritten und führen sie aus, und zwar plötzlich, alle auf einmal, ohne Grund oder Erklärung. Wir übernehmen diese Verhaltensweisen, auch wenn es sich am Anfang schwierig oder befremdlich anfühlt. Wir tun so, auch wenn wir noch nicht wirklich offen sind. (Denn natürlich sind wir es nicht. Wenn diese Verhaltensweisen bereits Teil unseres Repertoires wären, dann würden wir eine andere Eigenschaft verändern!) Wir legen das neue Verhalten als einen Akt bewussten Theaters an den Tag: Hohes Drama.

Immer wenn wir uns dabei erwischen, auf die alte Art zu agieren, wie wir nicht sein wollen, fangen wir einfach von vorne an und handeln so, wie wir sein wollen, ohne Selbstvorwürfe, Analysen oder Kritik. Unsere Verpflichtung besteht darin, weiterhin auf Feedback zu hören und so zu handeln, als hätten wir uns bereits verändert, bis sich die Veränderung in uns stabilisiert hat.

Wir denken vielleicht, dass wir uns dem neuen Verhalten nicht mit echter Hingabe widmen können. In diesem Fall lautet die Anweisung: Tue so, als seist du dazu verpflichtet. Wir handeln so, als seien wir schon die Person, die wir durch die Veränderung werden wollen. Eine Sache bei diesem Experiment ist garantiert: Wenn du die Herausforderung wirklich annimmst – egal was passiert –, werden deine Tage nicht langweilig sein.

ABENTEUER 24

Entdeckung: Das Wichtigste, das uns jemals passiert ist, passiert uns genau jetzt.

Bedeutung: Wenn sich das Leben deprimierend, trüb, sinnlos, monoton, enttäuschend oder tot anfühlt, oder wenn wir uns überwältigt, verwirrt oder empört fühlen, dann liegt das vielleicht daran, dass wir nicht wirklich in der Gegenwart lebendig sind. Wir können vielleicht großartige Gelegenheiten vollkommen versäumen, weil wir in etwas verstrickt sind, das in der Vergangenheit geschehen ist oder weil wir uns ausmalen, was in der Zukunft passieren könnte. Diese Unterscheidung ist eine der wichtigsten, die ein Possibility-Manager treffen muss, und zwar immer wieder. Die Unterscheidung ist folgende: Das Leben ist wie ein Wettbewerb. Du musst präsent sein, um zu gewinnen.

Zum Beispiel hast du jetzt gerade den oberen Abschnitt zu Ende gelesen. Jetzt mache diesen Vorgang rückgängig. Sage dir, das Lesen dieses Abschnittes hat nicht stattgefunden. Du bist eine mächtige Person. Es ist erst vor einer Minute geschehen. Fang an. Kannst du das tun? (Nein.) Warum nicht? Warum kannst du es nicht zumindest ein bisschen tun? (Weil es in der Vergangenheit geschehen ist.) Das stimmt! Der EINZIGE Moment und der EINZIGE Ort, der uns befähigt, einen Unterschied zu machen, etwas zu tun, eine Handlung durchzuführen, uns zu bewegen, etwas zu verändern, ist genau hier und jetzt. Ein Possibility-Manager braucht Kraft. Und Kraft ist nur in der Gegenwart verfügbar.

Aber wie viel Zeit, Energie und Aufmerksamkeit verbringen wir damit, in die Vergangenheit verstrickt zu sein? In die Zukunft? Mit jemandem oder mit etwas, das jetzt nicht hier ist? (Vielleicht sehr viel.) Warum tun wir das? Was haben wir davon? (Wir können anderen dafür die Schuld geben und so tun, als seien wir klein und werden ungerecht behandelt. Wir können jammern und grollen. Wir können Recht haben und uns gerechtfertigt fühlen. Und wir müssen uns keine Sorgen darüber machen, verantwortlich zu sein oder etwas zu riskieren, denn sowohl die Gegenwart als auch die Zukunft liegen im Reich der

Phantasie. Nichts kann dort wirklich herausgefunden oder gelöst werden. Nichts wird sich verändern. Deshalb können wir dieses Niedere Drama ewig weiterspielen.) Ja! Unverantwortlichkeit zahlt sich unglaublich aus. Und das ist verlockend genug, um süchtig zu machen.

Wie kannst du persönlich die süchtig machenden Substanzen des Niederen Dramas vermeiden? Wie vermeidest du andere süchtig machende Substanzen? (Indem du den Schmerz des übermäßigen Genusses spürst. Indem du dir des Preises ihrer Verwendung vollkommen bewusst bist und nicht gewillt bist, ihn zu zahlen.) Ja. Indem du den Schmerz spürst. Niederes Drama ist sehr teuer. Die Kosten sind diese: Wir zahlen den vollen Preis. Jedes Mal, wenn wir unseren gegenwärtigen, machtvollen Moment dem unersättlichen Dramadämon opfern, bezahlen wir mit unserem Leben. Die Augenblicke vergehen, und wir werden diese Augenblicke NIEMALS zurückbekommen.

Wenn wir Gespräche des Niederen Dramas inszenieren, dann verpassen wir die Gelegenheit, mit der Person zusammen zu sein, die vor uns steht. Wir versäumen die gegenwärtigen Möglichkeiten, Alternativen zu wählen, weil unsere Aufmerksamkeit abgelenkt ist. Das Eingangstor zu unbegrenzten Möglichkeiten ist nur in diesem Moment offen.

Experiment: Spende einen Euro für einen wohltätigen Zweck für jede Minute, die du mit persönlichen Sorgen über die Vergangenheit oder die Zukunft verbringst, während du die Gegenwart ignorierst. Zahle täglich.

ABENTEUER 25

Entdeckung: Die Box überlebt in einer verbalen Realität. Es gibt andere Realitäten.

Bedeutung: Ohne uns dessen bewusst zu sein, sind wir vor langer Zeit in der Schule und von den Medien dazu erzogen worden, unser direktes Erleben dessen, was um uns herum in der Welt geschieht, gegen eine gekürzte, selbst erzeugte verbale Beschreibung einzutauschen. Sinneseindrücke des Sehens, Fühlens, Hörens, Riechens und Schmeckens sind da, jedoch widmen wir uns dem Ziel, diese direkten Erfahrungen *zuerst* als Sätze in unserem Verstand zu formulieren, bevor wir uns auf diese Erfahrungen als Realität beziehen. Jede Erfahrung, die sich unserer Satzformulierungsmaschinerie widersetzt oder ihr missfällt, wird unsichtbar für uns.

Unsere Box gibt Dingen einen Namen. Indem wir Dinge benennen, glauben wir, dass wir sie kontrollieren können. Wir sehen das Telefon an und unsere Box spricht den Namen aus: „Telefon". Wir sehen einen Stuhl an und unsere Box sagt: „Stuhl". Wir wissen bereits, was wir mit einem Telefon oder einem Stuhl machen können, deshalb sind wir in Sicherheit, sobald wir einen Satz darüber erzeugt haben. Wenn wir einem Gegenstand oder einer Erfahrung begegnen, für die wir keinen Namen haben, dann reagieren wir darauf normalerweise mit einer von zwei möglichen Strategien. Erste Strategie: Wir ordnen den Gegenstand unter dem Namen ein, der ihm am nächsten kommt. Zweite Strategie: Wir lassen den Gegenstand aus unserer Welt verschwinden. Was wir nicht benennen können, können wir nicht sehen.

Es ist uns nicht bewusst, wie oft wir die Strategie Nummer Zwei anwenden.

Unsere eigene Begrenzung auf die verbale Realität unserer Box zwingt uns dazu, nur das zu lernen, was wir bereits kennen. Um uns in nicht-lineare Richtungen zu bewegen, müssen wir als Possibility-Manager wieder Zugang zu einer Welt der direkten Erfahrung ohne Worte gewinnen, damit wir uns in das Unbekannte hineinbegeben und das lernen können, was wir noch nicht wissen.

Experiment: Richte deinen Fokus auf deine Aufmerksamkeit und halte den Namensgenerator an. Siehe dir einen Gegenstand an, der dir vollkommen vertraut ist (zum Beispiel deine Uhr oder deine Hand) und weigere dich, zu wissen, was es ist. Weigere dich, es zu benennen. Wenn wir keine Schlüsse darüber ziehen, was etwas ist, kommen wir in einen Zustand von Empfänglichkeit und Nichtwissen. Das wiederum lässt einen weiten Raum offen für etwas Neues und Überraschendes, das anstelle des Gewohnten oder Vorhersagbaren auftauchen kann. Du wirst bei der Durchführung dieses einfachen Experimentes vielleicht bemerken, dass die Dinge um dich herum zu neuem Leben erwachen. Sie erwachen aus einem Tod, den du ihnen unbewusst aufgezwungen hast. Wenn wir den Namensgenerator anhalten, umgibt uns eine reichhaltige Vielfalt an Erfahrungen und eine Realität, die wir nicht bezwingen und handhaben können. Indem wir die Dinge ohne Namen belassen, schaffen wir Raum für unendliche Möglichkeiten. Das Experiment besteht darin, deinen Namensgenerator dreimal täglich drei Minuten lang anzuhalten.

ABENTEUER 26

Entdeckung: Alle energetischen Räume sind untereinander verbunden.

Bedeutung: Diese Entdeckung erläutert zusätzlich die Praxis des Possibility-Managers, den Raum zu halten. Ein Possibility-Manager ist für das Vorhandensein jedweden Raumes verantwortlich. Welcher Raum auch immer gegenwärtig ist – er ist gegenwärtig, weil der Possibility-Manager diesen besonderen Raum hervorruft. Weiterhin ist die Tatsache, dass ein bestimmter Raum vorhanden ist, keine Entschuldigung und kein Grund dafür, dass stattdessen irgendein anderer Raum nicht vorhanden sein könnte. Es ist die Aufgabe des Possibility-Managers zu erkennen, welcher Raum vorhanden ist und dann zu bestimmen, ob der gegenwärtige Raum derjenige Raum ist, der am besten geeignet ist.

Sollte der gegenwärtige Raum nicht geeignet sein oder könnte ein anderer Raum den Umständen dienlicher sein, dann ist es die Aufgabe des Possibility-Managers, diesen Raum in einen anderen zu verwandeln.

Diese Entdeckung besagt, dass jeder Raum mit jedem anderen Raum verbunden ist. Das bedeutet, dass jeder Raum von überallher, zu jeder Zeit und ohne Grund verfügbar ist.

Das sind wunderbare Neuigkeiten für einen Possibility-Manager, denn da der Raum bestimmt, was möglich ist und der Possibility-Manager jederzeit von einem Raum zum anderen wechseln kann, fehlt es dem Possibility-Manager nie an Möglichkeiten. Deswegen kann sich ein Possibility-Manager nie verfangen. (Daher sagen wir: Einem Possibility-Manager stehen alle Mittel zur Verfügung.) Diese Entdeckung ist gleichzeitig eine schockierende Neuigkeit für einen Possibility-Manager, denn sie erinnert an die kompromisslose Verantwortung eines Possibility-Managers.

Weil wir die Angewohnheit haben, identifiziert zu sein, nehmen wir an, dass jeder Raum alles ist, was es gibt. Wir gehen davon aus, dass der Raum, in dem wir uns befinden oder in dem eine andere Person sich befindet, eine feste, unbewegliche und bleibende Wirklichkeit ist. Wir schlafen während jedes natürlichen Wechsels von einem Raum zum anderen Raum ein und vergessen, dass wir jemals in einem anderen Raum als dem gegenwärtigen Raum gewesen sind. Unsere alte menschliche Software erzeugt diesen Zustand.

Experiment: Dieses besteht darin, dass du anfängst, die neue menschliche Software zu benutzen, die jeden Raum mit jedem anderen Raum verbindet. Du kannst das üben, indem du nicht-lineare (orthogonale) Bewegungen von einem Raum in einen anderen Raum ausführst. Das funktioniert so: Du gehst an das Ende des Raumes, vergewisserst dich, dass du mit jedem, der sich auch in diesem Raum befindet, in Kontakt bist, lehnst deine Schulter sanft gegen die Wand dieses Raumes und schlüpfst dann durch die Wand in den nächsten Raum.

Angenommen, du bist in einer Besprechung, und die Gruppe hat einen Punkt erreicht, wo das Projekt oder die Entscheidung aufgrund von Unklarheiten oder Entmutigung in der Schwebe hängt und keine Möglichkeit zur Lösung in Sicht ist. Egal, ob du nun der offizielle Raumhalter bist oder nicht, in jedem Fall kannst du Verantwortung dafür übernehmen, den Raum zu verändern. Den Raum kannst du zum Beispiel mit einer nicht-linearen Frage verändern – Fragen ist ein kraftvolles Werkzeug, um den Raum zu lenken – etwa wie: „Wer sind wir wirklich?“ Wenn du solch eine Frage stellst, fließt die gesamte

Aufmerksamkeit zu dir, so dass du in Kontakt gehen kannst. Daraufhin könntest du mit der Schlussfolgerung der Gruppe übereinstimmen, um eine logische Opposition auszuschließen: „Es stimmt, die Aufgabe *ist* unmöglich.“ Nun, da es keinen Feind gibt, kannst du dich gegen die Wand des momentanen Raumes lehnen und den neuen Raum definieren: „Glücklicherweise sind wir das Team, das es liebt, unmögliche Aufgaben zu erledigen.“ In dem neuen Raum sind die Umstände die gleichen, aber die Möglichkeiten sind völlig andere. Nun musst du einige Pfähle in das neue Gebiet schlagen, um es zu stabilisieren und sicherzugehen, dass du deinen Weg zurück findest. Pfähle können nicht-lineare Aktionsschritte sein, so wie „Wenn wir diese Aufgabe in der Hälfte der Zeit erledigen müssten, was hätten wir dann zu tun?“ Oder „Was ärgert euch an dieser Aufgabe?“ Oder „Auf welche Art und Weise könnten wir bei dieser Aufgabe versagen?“ Oder „Wer kann diese Aufgabe lösen? Welche Eigenschaften sind dafür nötig? Woher bekommen wir diese Fähigkeiten?“

Ein anderes Beispiel bezieht sich auf Kinder. Stelle dir vor, zwei oder drei Kinder streiten miteinander. Statt zu versuchen, den Streit zu schlichten oder die Kinder auszuschimpfen, erinnere dich daran, dass Kinder nur unter fünf Umständen in Aufregung geraten: bei Durst, Hunger, Müdigkeit, körperlichen Schmerzen oder dem Bedürfnis nach liebender Aufmerksamkeit. Oft handelt es sich um das Letztgenannte. Sie brauchen Aufmerksamkeit. Um den Raum zu verändern, kannst du das Bedürfnis der Kinder nach Aufmerksamkeit unmittelbar erfüllen, indem du alles stehen und liegen lässt, worauf du dich gerade konzentriert hast und den Kindern 100% deiner wertvollen Aufmerksamkeit gibst. Beginne am Anfang mit einer nicht-linearen Frage: „Wo sind die ägyptischen Grabjäger?“ Deine Fragen müssen überhaupt keinen Sinn ergeben. Wenn die Kinder sich dir nähern, lasse sie in körperlichen Kontakt mit dir kommen, indem du dich in die Hocke – auf ihre Ebene – begibst und dich berühren lässt. Sie warten dabei auf deine Führung. Je nachdem, wie alt sie sind, kannst du sagen: „Ich werde jetzt sofort einen Ringkampf mit euch machen.“ Oder: „Wir machen jetzt einen Wettkampf im Anstarren.“ Oder: „Ich habe ein neues Spiel. Ich habe eine bestimmte Menge an Energie. Ihr könnt sie benutzen, wie ihr wollt. Wenn ihr meine Energie spart, indem ihr die kleinen Regeln befolgt, dann kann ich diese Energie dafür benutzen, euch zu helfen, die großen Regeln zu brechen."

Wenn du wirklich in stabilem Kontakt mit allen Leuten im Raum bist, dann werden sich alle mit dir mitbewegen. Wenn du gegen die Wand drückst, stellst du fest, dass das, was zuerst so fest aussah, in Wirklichkeit nicht fester ist als ein nasses Taschentuch. Unser Verstand wechselt die Identifizierung von einem Raum zum nächsten so leicht wie beim Umschalten von einem Fernsehprogramm zum anderen. Die Leute agieren plötzlich im neuen Raum, ohne genau zu wissen, wie sie dort hinkamen. Wir vollziehen solche Raumwechsel schon jetzt viele Male täglich, obwohl wir uns der meisten Bewegungen nicht bewusst sind. Das Experiment besteht darin, dreimal täglich einen Raum ganz bewusst in einen produktiveren Raum zu verwandeln.

ABENTEUER 27

Entdeckung: Das, was uns wirklich etwas bedeutet, ist zufällig auch unsere Bestimmung.

Bedeutung: Eine seltsame Gegensätzlichkeit spaltet uns in zwei Hälften. Die Stunden unserer Tage verbringen wir damit, Dinge zu erledigen, die wir offensichtlich zu tun haben, oder von denen wir glauben, dass wir sie tun müssen, obwohl wir eigentlich davon träumen, etwas viel Besseres tun zu können.

Wir haben vielleicht Vorstellungen davon, jenseits aller Vernunft für etwas Feuer gefangen zu haben und inspiriert zu sein oder erinnern uns an Augenblicke, in denen unser Leben Blitz und Donner glich, aber irgendeine innere Blockade hält uns davon ab, das zu leben, was uns wirklich etwas bedeutet. Wir sind davon überzeugt, dass es nicht erlaubt ist, das zu tun, was wir wirklich gerne tun würden. Also haben wir beschlossen, dass das, was uns wirklich bewegt, unsere Seele nährt und unseren Geist zum Wachsen und Blühen herausfordert, wohl schlecht für uns ist.

Ein Teil unserer Frustration ist die mangelnde Klarheit darüber, was es eigentlich ist, das uns wirklich etwas bedeutet. Das liegt daran, dass wir vielleicht nicht zwischen unseren beiden inneren Königreichen unterscheiden, dem unverantwortlichen Königreich und dem verantwortlichen Königreich. Jedes Königreich hat als Herrscher einen König oder eine Königin. Der Herrscher des unverantwortlichen Königreiches ist der Gremlin. Der Herrscher des verantwortlichen Königreiches ist ein archetypischer erwachsener Mann oder eine entsprechende Frau, die beide als Possibility-Manager dienen. Manchmal denken wir irrtümlicherweise, dass das, was uns wirklich etwas bedeutet, diejenigen Dinge sind, die den Gremlin nähren. Das stimmt nicht. Die Dinge, die uns wirklich etwas bedeuten, nähren den Possibility-Manager. Es ist leicht, den Unterschied zu erkennen, ob wir den Gremlin oder den Possibility-Manager nähren. Der Unterschied liegt in den Ergebnissen, und außerdem werden jeweils unterschiedliche Prinzipien auf den Spielplan gerufen. Wenn dem Gremlin gedient wird, dann nehmen unverantwortliche bzw. Schattenprinzipien Einfluss (Gier, Eifersucht, Vorwürfe, Rache, Überlegenheit, Groll, Verrat, Rechtfertigung, Rechthaberei, Kontrolle, Manipulation usw.). Wenn dem Possibility-Manager gedient wird, dann nehmen verantwortliche bzw. helle Prinzipien Einfluss (Klarheit, Großzügigkeit, Integrität, Akzeptanz, Flexibilität, Offenheit, Schöpfung, Einbeziehung, Güte, Würde, Zusammenarbeit, Entwicklung usw.).

Jeder von uns hat eine einzigartige Bestimmung. Zu glauben, dass unsere Bestimmung irgendwo in der Zukunft liege, ist der Trick der Box, um die Verantwortung abzugeben, genau jetzt unsere Bestimmung in Aktion zu sein.

Experiment: Im Possibility-Manager Certification Program (PMCP) verwenden wir einen Prozess, den wir Bestimmungsdestillation nennen, um diejenigen Prinzipien zu bestimmen, die uns wirklich etwas bedeuten. Auch ohne diesen Prozess kannst du eine Ahnung von den Prinzipien deiner Bestimmung bekommen, indem du eine detaillierte Antwort auf folgende Frage niederschreibst: „Was soll in deinem Nachruf über dein Leben stehen?“ Nachdem du die Antwort auf diese Frage aufgeschrieben hast, gehst du sie noch einmal durch und extrahierst die Prinzipien, die darin enthalten sind. Du wirst vielleicht drei, vier oder fünf dieser Prinzipien finden. Liste die Prinzipien, die du in deinem Nachruf findest, auf einem neuen Blatt Papier auf. Diese Prinzipien sind deine Bestimmung. Wenn du aus einiger Entfernung auf die Dinge blickst, die dir wirklich etwas bedeuten, dann erkennst du deine Bestimmung. Das Experiment besteht darin, deine Bestimmungsprinzipien als archetypische Naturgewalten anzusehen und dich jeden Tag zweimal bewusst auf ihre Richtung einzustimmen. Spreche, weil sie dich zum Sprechen veranlassen würden. Bewege dich, weil sie dich aus deinem Zentrum heraus voran bringen. Schreibe, weil sie dich dazu animieren, zu schreiben. Höre zu, als seien es die Prinzipien selbst, die zuhören. Auf diese Weise kannst du in diesem Moment deine Bestimmung in Aktion sein.

ABENTEUER 28

Entdeckung: Bevor wir Möglichkeiten für andere erschaffen können, müssen wir erst Möglichkeiten für uns selbst erschaffen. Wir erschaffen Möglichkeiten für uns selbst, indem wir unsere Identität wechseln. Eine nützliche Identität, in die wir schlüpfen können, ist die des so genannten Possibility-Managers.

Bedeutung: Warum ist der Possibility-Manager eine nützliche Identität? Wegen der folgenden Deklaration: EINEM POSSIBILITY-MANAGER STEHEN ALLE MITTEL ZUR VERFÜGUNG. (Ja, hier handelt es sich um den bewussten Gebrauch von „Ist“-Kleber.)

Unter „Mittel“ verstehen wir zum Beispiel Materialien, Entscheidungsgewalt, Organisationsfelder, Personal, Information, Prestige und Anerkennung sowie Zeit, Geschick, Intelligenz, Geld, Energie und so weiter. Die gewöhnliche menschliche Software vertritt die lineare Ansicht, Mittel wie diese seien knapp und begrenzt, stünden nur wenigen Menschen zur Verfügung und wir müssten entweder darum kämpfen, zu diesen Menschen zu gehören oder uns dazu degradieren, ein Opfer der Umstände zu sein. Weder kämpfen noch Opfer spielen enthält sonderlich viele Möglichkeiten, anderen dienlich zu sein.

Die Sichtweise des Possibility-Managements ist die, dass ein Possibility-Manager die Quelle von Mitteln ist. Wenn es den Anschein hat, als gäbe es nicht genug Mittel, dann erfindet ein Possibility-Manager die Wirklichkeit neu, um erheblich mehr Mittel einzubeziehen. Wenn es beispielsweise so aussieht, als sei der Markt für ein bestimmtes Produkt oder eine Dienstleistung begrenzt, dann kämpfen wir in der Regel gegen die Wettbewerber, um zu versuchen, einen gewissen Prozentsatz des Marktanteiles zu halten. Im Gegensatz dazu nutzt ein Possibility-Manager seine Mittel vielleicht dazu, den Markt selbst zu vergrößern.

Damit ein Possibility-Manager einem Unternehmen die Dienste des Possibility-Managements anbieten kann, muss er erst Möglichkeiten für sich selbst erschaffen. Was bestimmt das Maß an Möglichkeiten, die wir haben? Unsere Box. Um Möglichkeiten für uns selbst zu erschaffen, müssen wir die Box, mit der wir uns gewöhnlich identifizieren, gegen eine andere austauschen, die mehr Mittel besitzt. Wenn wir denken, dass wir sind, wer wir immer sind, dann ist für uns das möglich, was immer für uns möglich ist. Wenn wir in eine neue Identität schlüpfen, dann haben wir Zugang zu all den Möglichkeiten in der neuen Box. Die Box namens Possibility-Manager enthält immense Möglichkeiten.

Auf ganz natürliche Weise wechseln wir oft täglich unsere Identität. Gewöhnlich wissen wir nicht, dass wir unsere Identität verändert haben, denn mit jeder Identität sind wir identifiziert, und das, was jede Box enthält, ist ganz klar alles, was es gibt. Es ist interessant festzustellen, dass wir während des Wechsels von einer Box zur nächsten ins Unbewusste abdriften, ebenso wie wir uns kaum unseres Lidschlages bewusst sind, obwohl wir dann für einen Moment nicht sehen. Andererseits können wir sehr leicht beobachten, wie andere ihre Identität wechseln. Während einer Unterhaltung klingelt das Telefon, unser Gesprächspartner hebt ab. Ist es dann seine Mutter, der Chef oder die Polizei, können die Veränderungen, die wir in seiner Tonlage und im Sprachgebrauch beobachten, in der Körperhaltung, im Verhalten und so weiter, drastisch und unerwartet sein. Sobald unser Gesprächspartner den Hörer auflegt, schnellt er wieder zurück in die Identität der Box, in der er sich mit uns befunden hatte. Als Possibility-Manager setzen wir diese Fertigkeit bewusst ein.

Experiment: Übe dich darin, zwischen deiner gewöhnlichen Identität und der des Possibility-Managers zu wechseln. Wenn du in dieser Woche Fragen beantwortest oder etwas sagst, ob zu dir selbst oder zu jemand anderem, sprichst du zweimal. Das erste Mal sprichst du als dein altes, gewöhnliches Selbst. Dann hörst du auf und fängst von vorne an, wobei du diesmal als Possibility-Manager sprichst. Um von deiner normalen Identität in die Identität eines Possibility-Managers zu wechseln, schnippst du mit den Fingern und sagst: „Einem Possibility-Manager stehen alle Mittel zur Verfügung." Mit ein wenig Übung wirst du lernen, den Wechsel bewusst und mühelos zu vollziehen. Beobachte jeden Unterschied in den Möglichkeiten, zu denen die jeweilige Identität Zugang hat.

ABENTEUER 29

Entdeckung: Unsere Technologie gibt uns keine Sicherheit.

Bedeutung: Sicherheit ist imaginär. Sicherheit ist ein Konzept des menschlichen Verstandes und in der Natur nicht existent. Kein Geldbetrag, kein Besitz, keine Versicherung, weder Macht noch Ruhm werden uns Sicherheit geben. Die Suche nach Sicherheit hindert uns am Leben.

Wir werden in eine Kultur hineingeboren, in der wir unseren Platz auf halber Höhe einer Technologie-Leiter wiederfinden. Die Sprossen unter uns fehlen. Uns wird beigebracht, dass Licht und Wärme entstehen, wenn wir einen Schalter betätigen, dass Geld aus Automaten kommt, Kleidung aus Läden, Musik von CDs und Essen entweder aus dem Kühlschrank, aus dem Restaurant oder aus dem Lebensmittelgeschäft. Wenn wir irgendwohin wollen, nehmen wir ein Auto, einen Zug oder ein Flugzeug und erreichen unser Ziel schnell und nahezu ohne

Mühe. Das ist die Art, auf die uns unsere Kultur beibringt, mit der Welt in Beziehung zu stehen.

Trotz alledem gibt es unter der ganzen Technologie einen Planeten, der aus Felsen, Bäumen, Wasser, gefährlichen hungrigen Tieren und heimtückischem Wetter besteht. Unsere moderne Kultur bringt uns nicht bei, wie wir auf diesem Planeten ohne unsere Technologie leben können. Unsere natürliche, kooperative Beziehung mit diesem Planeten wurde durch ein künstliches, technisches Netzwerk ersetzt und aus dem Gleichgewicht gebracht. Da wir in unsere Kultur hineingeboren wurden, ist uns nicht bewusst, dass die Sprossen in der Leiter fehlen. Wir denken, dass unsere Technologie die natürliche Ordnung ist. Aber tief in unseren Herzen spüren wir eine Unstimmigkeit. Unser Körper spürt, dass wir nicht mehr wissen, wie wir auf diesem Planeten überleben können, und wir sind von einer namenlosen Angst erfüllt, dass unsere Technologie uns im Stich lassen könnte.

Experiment: Diese Experimente sollen nicht dazu dienen, einem Zurück-zur-Natur-Fanatismus Tür und Tor zu öffnen. Diese Experimente wollen, dass du in kleinen Schritten Wege findest, für eine Weile ohne Technologie zu leben. Wenn du diese Experimente durchführst, wirst du in deinem Körper ein neues Wissen etablieren, so dass die Technologie nicht länger eine unbedingte Notwendigkeit für deine Existenz und dein Wohlergehen darstellt. Indem du diese und ähnliche Experimente durchführst, wirst du die fehlenden Leitersprossen zwischen dir und dem Planeten Erde wieder einfügen.

Gehe barfuß. Laufe jeden Tag ein wenig barfuß, im Dreck, auf dem Asphalt, im kalten, morgentau-bedeckten Gras, im Regen, selbst in deinem Haus. Es steckt eine kulturbedingte Angst in uns, dass wir krank werden, wenn wir kalte Füße haben. Das stimmt nicht. Erweitere deine Box. Das Herumlaufen ohne Schuhe, ob draußen oder drinnen, verschafft uns direkten körperlichen Kontakt zwischen unserer Haut und der Haut der Erde. Die Erfahrung ist nährend, selbst (vielleicht auch gerade) wenn sie unbequem ist.

Lerne Schlangen, Insekten, Spinnen und Ratten anzufassen. Gehe in ein Zoofachgeschäft oder zu einem Streichelgehege. Bitte darum, alle Wesen berühren zu dürfen. Sieh ihnen in die Augen. Erlaube dir die Entdeckung, dass es fast keinen Unterschied gibt zwischen uns und Salamandern. Der Unterschied zwischen uns und Affen ist – im Hinblick auf die Box – unbedeutend. In dieser Hinsicht sind wir nicht *wie* Primaten, sondern *sind* Primaten, sind Tiere und atmen wie Tiere. Gehe wie ein Tier.

Gehe nach draußen. Schaue nach unten. Was du erblickst ist die Oberfläche des Planeten Erde. Alles was oberhalb des Bodens liegt, ist Raum. Du stehst auf der Oberfläche eines merkwürdigen Planeten. Denke an die Fotos von der Oberfläche des Mondes oder des Mars. Du stehst auf der Oberfläche der Erde. Schau nach oben. Da ist weiter, offener Raum – jede Menge davon. Da gibt es nichts zwischen dir und diesem Raum. Der Raum reicht ganz hinunter bis zur Oberfläche der Erde. Du bist ungeschützt.

Mache weiter. Stelle deine eigene Seife her. Stelle Kerzenwachs her. Spiele zusammen mit Freunden auf Musikinstrumenten, selbst wenn du nicht weißt, wie es geht. Lest euch gegenseitig Poesie vor, statt Radio zu hören oder fernzusehen. Schaffe deinen Fernseher für einen Monat aus dem Weg. Kaufe in einem asiatischen Lebensmittelladen ein und bereite Gemüse zu, das du noch nie zuvor ausprobiert hast. Nähe dir ein paar Kleider von Hand. Lege dir einen Gemüsegarten an und bereite eine Mahlzeit zu, die nur aus diesem Garten stammt. Sitze drei Tage und drei Nächte lang im Wald auf dem Boden. Übernachte draußen, nur im Schlafsack. Stell dir deinen eigenen Stift, deine eigene Tinte und Papier her. Schreibe einen Brief von Hand und versende ihn ohne die Post, indem du ihn von Freund zu Freund weiterreichen lässt. Gehe fünfzehn Kilometer weit, um irgendwo hinzugelangen, statt irgendwelche mechanischen Hilfsmittel zu nutzen. Führe täglich eines oder mehrere dieser kleinen Experimente durch, um eine neue Beziehung zwischen dir und der Welt aufzubauen, die deine Abhängigkeit von der Technologie besiegt. Bringe das vor allem auch deinen Kindern bei. Viel Spaß beim Entdecken.

ABENTEUER 30

Entdeckung: Wir erzeugen unsere Gefühle, damit sie unseren bewussten oder unbewussten Zwecken dienen.

Bedeutung: Jedes Mal, wenn wir etwas fühlen (Wut, Traurigkeit, Freude oder Angst) und uns nicht bewusst ist, zu welchem Zweck wir dieses Gefühl haben, ist der Zweck unseres Gefühls unbewusst.

Wenn zum Beispiel jemand etwas tut oder sagt, was uns beleidigt und wir anfangen, uns wütend darüber zu fühlen, dann dient dieses Gefühl einem Zweck. Wenn wir uns nicht darüber im Klaren sind, ob unser Gefühl unserer wahren Absicht (unserer Bestimmung) dient, dann dient das Gefühl der versteckten Absicht unserer Box (der Gremlinabsicht).

Wenn wir fühlen, dass die Wut in uns größer wird und wir die Wut als Motivation dafür benutzen, entweder der Person etwas anzutun oder ihr etwas zu sagen, oder einer anderen Person etwas über diese Person zu sagen, dann übernehmen wir keine Verantwortung für unsere Kommunikation, denn unsere Kommunikation ist unvollständig. Dass unsere Kommunikation unvollständig ist, hat folgenden Grund: In jedem Augenblick könnten wir jedes der vier Gefühle (Wut, Traurigkeit, Freude oder Angst) in Bezug auf ALLES fühlen. Es gibt IMMER Beweise, um JEDE Geschichte zu untermauern.

Nimm noch einmal das obige Beispiel. Wenn jemand etwas tut oder sagt und wir beginnen, uns wütend zu fühlen, dann können wir uns mit Fug und Recht fragen: Könnten wir uns wegen derselben Sache auch ängstlich fühlen? Wenn wir uns nicht selbst zum Narren halten und den Mut haben, die Wahrheit zu sehen, dann ist die Antwort auf diese Frage: Ja, wir könnten auch Gründe finden, um uns davon in Angst versetzen zu lassen. Dann frage dich: Könnten wir uns wegen derselben Sache auch traurig fühlen? Ja, wir könnten Gründe dafür finden, uns traurig zu fühlen. Könnten wir uns auch glücklich fühlen? Ja, wir könnten Gründe finden, uns darüber glücklich zu fühlen.

Aha, das ist doch interessant! Etwas passiert, und wir könnten uns darüber wütend, traurig, glücklich oder ängstlich fühlen. Wir haben Wahlmöglichkeiten. Wenn wir verantwortlich kommunizieren wollen, dann werden wir die gesamte Nachricht mitteilen, nicht nur den Teil, der den versteckten, unbewussten Absichten der Verteidigungsstrategie unserer Box dient.

Aus welchem Grund sollten wir dazu neigen, uns nur teilweise mitzuteilen? Warum sollten wir davon absehen, in diesem Augenblick auch die anderen drei Gefühle zu äußern? Ist die Methode der Box zur Rechtfertigung ihrer Standpunkte dermaßen raffiniert und alles beherrschend? Wie können wir die Antworten auf diese Fragen herausfinden? Wir können die Antworten auf diese Fragen auf die übliche Art herausfinden, indem wir das Experiment machen!

Experiment: Ein Possibility-Manager übernimmt auf der Ebene der Gefühle Verantwortung. Das bedeutet, er übernimmt Verantwortung dafür, in seinem Körper die physischen Empfindungen zu erzeugen, die wir wütend, traurig, glücklich und ängstlich genannt haben. Hier folgt das Experiment. Das nächste Mal, wenn du anfängst, dich wegen etwas wütend zu fühlen (auch nur ein kleines bisschen), vervollständigst du die Kommunikation. Du sagst nicht nur, warum du dich wütend über die Sache fühlst, sondern außerdem, warum du dich ängstlich, traurig und froh darüber fühlst. UND du sagst, welcher Absicht deiner Box du dienen würdest, wenn du dich dafür entscheiden würdest, nur das erste dieser Gefühle unter Ausschluss der übrigen drei Gefühle zu benennen. Indem du die gesamte Kommunikation vervollständigst, nimmst du den Sprengstoff aus der Bombe (die Spannung aus dem Niederen Drama). Die Mitteilung der vollständigen Botschaft verwandelt das, was du sagen willst, in eine verantwortliche Kommunikation. Da Liebe ein Ergebnis von Kommunikation ist, wird die Tatsache, dass du dir die Mühe machst, auf verantwortliche Weise zu kommunizieren, gleichzeitig den Kern deiner Botschaft enthüllen, nämlich dass der Andere dir etwas bedeutet. Unter Verwendung dieses Werkzeugs der vollständigen Kommunikation öffnet ein Possibility-Manager eine Tür zu wertvollen und produktiven Beziehungen, die von beiden Seiten aus durchschritten werden kann.

ABENTEUER 31

Entdeckung: Klarheit gewinnen ist eine höhere Technologie als Grenzen setzen.

Bedeutung: Bevor wir Klarheit haben können, müssen wir in der Lage sein, Grenzen zu ziehen. Bevor wir Grenzen ziehen können, müssen wir erst einmal in unserem Körper sein, unser Zentrum besitzen und unsere Gefühle wahrnehmen. Die Wahrnehmungen unseres Körpers geben uns Aufschluss darüber, was funktioniert und was nicht. Wie sich ein „GO“ (es funktioniert!) anfühlt und wie sich ein „STOP“ (es funktioniert nicht!) anfühlt. Erst wenn wir unsere Gefühle spüren können, können wir wissen, welche Grenzen wir zu ziehen haben.

Eine Grenze funktioniert wie eine energetische Mauer. Beispiele für Grenzen sind: Nein! Stopp! Das ist nicht in Ordnung! Tue das nie wieder! Mache das nur so! Das geht dich nichts an! Das ist mein Leben! Das werde ich nicht tun! Lass mich in Ruhe! Geh weg! Und so weiter. So einfach diese Grenzen auch scheinen mögen, so überraschend ist es doch, zu erkennen, wie wenig die meisten von uns es beherrschen, Grenzen zu ziehen.

Grenzen leisten einen wertvollen Beitrag dazu, dass unser Leben funktioniert, obwohl Grenzen, da sie eine Barriere darstellen, auch Möglichkeiten blockieren. Ob Grenzen nun von uns selbst oder von anderen gesetzt werden – ein Possibility-Manager erkennt, dass Alternativen für Grenzen denkbar sind. Eine dieser Alternativen ist Klarheit.

Klarheit entsteht, indem wir Unterscheidungen treffen. Es mag vielleicht nicht so deutlich erscheinen, aber mit Übung können wir lernen, Unterscheidungen zu treffen statt Grenzen zu setzen. Eine Unterscheidung wirkt eher wie ein Lattenzaun als wie eine Mauer. Eine Unterscheidung gibt die Grenzen an, erlaubt der Energie aber trotzdem, weiterhin zu fließen, und auch Möglichkeiten bleiben erreichbar. Unterscheidungen erzeugen Klarheit darüber, welche Handlungsschritte unternommen werden können. Je nicht-linearer die Unterscheidung ist, desto nicht-linearer sind die möglichen Handlungsschritte.

Im Folgenden nun einige nützliche Unterscheidungen, die du treffen kannst, statt Grenzen zu ziehen.

- Eine Person ist nicht ihre Box. Eine Person ist ein beeindruckend gewaltiges Potenzial.
- Boxen sind Maschinen. Boxen sind weder lebendig noch willensstark.
- Wenn wir uns von jemandem beleidigen lassen, dann reagieren wir lediglich auf eine Maschine.
- Sich von einer Maschine beleidigen zu lassen ist genauso intelligent wie über einen Stein zu stolpern und dann wütend auf den Stein zu sein.
- Maschinen tun das, was Maschinen tun. Man kann sich darauf verlassen, dass Maschinen mechanisch sind.
- Gegenüber einer Maschine die Rolle des Opfers zu spielen, hat immer einen strategischen Grund. Wir ziehen daraus einen Nutzen.
- Wenn es zwischen dir und einem Kind ein Problem gibt, dann hat das nichts mit dem Kind zu tun.
- Es ist ein Akt des Wahnsinns, wenn eine große Person ihr Problem mit einer kleinen Person dadurch zu lösen versucht, dass sie die kleine Person bestraft oder ausschimpft.
- Wenn du jemanden ansiehst und glaubst zu wissen wer diese Person ist, dann liegst du verkehrt, denn alles, worüber du etwas wissen kannst, ist ihre Box. Wer die Person wirklich ist, kannst du nicht erfassen.

Experiment: Untersuche alle Grenzen, die du aufrechterhältst. Wem gegenüber erhältst du sie aufrecht? Warum? Wer, glaubst du, sind die anderen? Wie könntest du diese Grenzen in Unterscheidungen verwandeln, die zu Klarheit führen und dir mehr Möglichkeiten geben? Untersuche alle Grenzen, die andere Menschen dir gegenüber aufrechterhalten. Wer erhält sie aufrecht? Forsche nach, warum diese Menschen das Gefühl haben, Grenzen gegen dich aufrecht erhalten zu müssen.

ABENTEUER 32

Entdeckung: Was wir haben ist das, was wir wollen.

Bedeutung: Viele von uns leben mit einem unterschwelligen Unbehagen und der Unsicherheit, nicht zu wissen, was sie wollen. Wir sind uns nicht sicher, ob wir den richtigen Beruf haben, die richtige Frisur, das richtige Auto, die richtigen Schuhe, den richtigen Partner, die richtige Uhr, das richtige Haus, die richtigen Geldanlagen, die richtige Vergangenheit oder die richtige Zukunft. Unsere Verwirrung und Unsicherheit hinsichtlich solcher einfachen und doch fundamentaler Lebensfragen bringen uns in eine Position von Schwäche und Labilität, die uns leicht manipulierbar macht.

Wir fühlen uns unwohl und verwirrt in Bezug auf die Frage, was wir wollen, weil wir leben, ohne zentriert zu sein. Wir suchen nach wie vor außerhalb von uns nach den Antworten, nach ein wenig Bestätigung für unsere Entscheidungen. Bei unserer Suche finden wir Bilder und Informationen aus Zeitschriften, Fernsehsendungen, Kinofilmen, Zeitungen, dem Radio, dem Internet und so weiter. Diese Informationsquellen vermitteln oft ein solch falsches Bild von dem, was in Wirklichkeit möglich ist. Wir werden niemals wirklich dieses Strahlend-weiße-Zähne-Lächeln haben, niemals diese samtweiche Haut, und die Probleme, die wir als normal oder angemessen erachten, werden uns immer begleiten. Verglichen mit den Bildern fühlen wir uns mangelhaft. Also versuchen wir, unsere Mängel auszugleichen, indem wir die Haut- und Haarpflegeprodukte, die Autos und die Kleidung auf den Bildern kaufen. Zusätzlich kaufen wir, was immer wir können, damit wir den Schmerz über unsere Verwirrung und unsere Unfähigkeit, unsere Bestimmung zu leben, nicht spüren müssen. Und natürlich kaufen wir wieder neue Zeitschriften. Unter Umständen entdecken wir niemals, dass die wahre Bestätigung für unsere Entscheidungen aus unserem Inneren kommt.

Der Arbeitsauftrag eines Possibility-Managers macht es notwendig, dass wir uns ohne Widerstände in Richtungen bewegen, in die sich bisher noch niemand bewegt hat, die offensiv sind, die unsichtbar sind, die gegen allgemein akzeptiertes

Wissen verstoßen oder unmöglich erscheinen. Mit einiger Erfahrung entdecken wir vielleicht, dass bei der Entscheidung, uns in jene Richtungen zu bewegen, die Sicherheit über die Richtigkeit unserer Entscheidungen eine Annehmlichkeit ist, der wir selten begegnen und die für den Erfolg unserer Arbeit wirklich unnötig ist.

Wir werden vielleicht herausfinden, dass eine Kultur, die uns dann am meisten akzeptiert, wenn wir auf Grund unserer neurotischen Ungewissheit formbar sind, in direktem Konflikt steht zu unserer inneren Aufgabe. Diese können wir nur erfüllen, wenn wir uns voll einsetzen können, ohne das Bedürfnis, uns in irgendeiner Weise sicher zu fühlen.

Die Auflösung dieses Konfliktes erscheint dann, wenn wir anfangen, die ausgeklügelte und durchdringende Feinheit wahrzunehmen, wie das, was wir von Augenblick zu Augenblick erschaffen, vollkommen unser Erleben bestimmt. Wenn wir erkennen, dass wir unsere Erfahrungen selber erschaffen, dann müssen wir auch anerkennen, dass alles in unserem Leben deshalb da ist, weil wir es dort haben wollen. Was wir wollen, ist auf jeder Stufe genau das, was wir haben. Ich wiederhole: Sogar wenn das, was wir haben, Verwirrung ist, Unsicherheit und Opferdasein – was wir haben ist das, was wir wollen. Obwohl es keine allgemeine Anerkennung findet, gilt dieses Prinzip für alle, überall und jederzeit, ob wir aktiv damit umgehen oder nicht. Es könnte gut sein, dass es das Hauptmerkmal der westlichen Kultur ist, die Entdeckung zu vermeiden, dass das, was wir haben, das ist, was wir wollen.

Durch die kompromisslose Verantwortung von Possibility-Management gewinnen wir vielleicht eine erschütternde Selbsterkenntnis darüber, wie wir uns selbst und anderen hingebungsvoll höllische Situationen verschaffen. Indem wir Verantwortung übernehmen, verlieren wir die Zuflucht zu unseren üblichen Methoden, jemand anderem die Schuld zu geben, uns über jemand anderen zu ärgern oder uns darüber zu beklagen, dass wir ein Opfer der Umstände sind. Dieselbe Verantwortung öffnet uns die Tür zu einer völlig neuen Art des Daseins, in der wir die Zeit und die Energie unseres Lebens auf andere Dinge verwenden können als auf das immer wiederkehrende Ausspielen von Niederen Dramen.

Der Wechsel in das Reich der kompromisslosen Verantwortung befreit uns aus dem eisernen Griff unserer Kultur und bringt uns in ein neues Spiel, das kostbarer und klarer ist und größere Kraft und Verantwortung mit sich bringt. Das ist das Gebiet, auf dem Possibility-Management funktioniert.

Experiment: Jedes Mal, wenn du feststellst, dass sich etwas auf eine bestimmte Weise verhält (z. B. Verspätung bei Verabredungen, kein rechtzeitiger Abschluss eines Projektes, das Nichteinhalten eines Versprechens und Erfinden von Ausreden, warum es nicht anders ging, das Verlieren deiner Hausschlüssel, das Wiederfinden einer überfälligen, unbezahlten Rechnung, die Enttäuschung deiner Eltern über dich, ein Streit mit deinem Partner, jemand hintergeht dich usw.), übe folgendes: Denke in dem Moment, wo du erkennst, dass es sich auf diese bestimmte Weise verhält, daran: „Es passiert so, weil ich will, dass es so passiert." Es geht in diesem Experiment nicht darum, irgendetwas verändern zu wollen. Beobachte stattdessen, wie die Box versucht, Verantwortung zu vermeiden, während du zur gleichen Zeit weißt, dass Verantwortung nicht vermieden werden kann, weil du das hast, was du willst. Zwei Dialoge zur gleichen Zeit am selben Ort (nämlich in deinem Verstand) nennen wir einen Konflikt von Dialogen. Das bewusste und absichtliche Aufrechterhalten dieses inneren Konfliktes erzeugt eine innere Hitze, einen Schmerz, eine seitwärts gerichtete Kraft, die im Laufe der Zeit tiefe und bleibende Veränderungen in der Struktur deiner Box verursacht.

ABENTEUER 33

Entdeckung: Es gibt einen Unterschied zwischen unserem Herzen und unserer Seele. Unser Herz geben wir den Menschen, die wir lieben. Unsere Seele geben wir unserer Bestimmung.

Bedeutung: Diese Unterscheidung zwischen dem Herzen und der Seele liegt im Randbereich des Possibility-Managements, obwohl sie im Mittelpunkt unseres Lebens als Possibility-Manager steht.

Wenn wir die Bestimmung aus unserem Leben heraus „destillierten", würden wir feststellen, dass jeder von uns dazu geboren ist, einer einzigartigen Reihe von hellen Prinzipien zu dienen. Diese Prinzipien sind das, was uns wirklich etwas bedeutet. Daher sind wir am erfülltesten und lebendigsten, wenn wir diesen Prinzipien dienen. Diese Prinzipien sind unsere Bestimmung. Indem wir unseren Prinzipien dienen, können wir jeden Augenblick unsere Bestimmung in Aktion sein.

Der Dienst an unseren Prinzipien nährt unsere Seele. Der Dienst an unserer Beziehung nährt unser Herz. Wenn wir unser Herz mit unserer Seele verwechseln oder unsere Beziehung mit unserer Bestimmung, können wir die Aufgaben auf unserem Schreibtisch nicht effektiv erledigen, denn unsere Aufmerksamkeit und demzufolge auch unsere Energie sind nicht präzise auf das Ziel ausgerichtet.

Versuchen wir beispielsweise, unsere Seele unserem Partner/unserer Partnerin zu geben, so will er/sie das gar nicht und ist frustriert. Auch wenn unsere Lieben es nicht artikulieren können: Sie möchten, dass wir unsere Seele unserer Bestimmung geben. Sie möchten uns lebendig und inspiriert sehen, während wir unserer Bestimmung dienen, und hegen den Wunsch, dass wir ihnen diese Lebendigkeit und Inspiration aus vollem Herzen entgegenbringen. Die Menschen, die uns lieben, möchten unser Herz und nicht unsere Seele.

Wenn wir versuchen, unser Herz unserer Bestimmung zu geben, wird unser Herz nicht genährt. Wir verlieren den Kontakt zu anderen Menschen, und unsere Beziehungen verhungern. Wir können versuchen, Zuflucht und Rechtfertigung in unserem Intellekt zu finden, doch sind wir auf diese Weise nicht ausgeglichen.

Experiment: Um dieses Experiment durchzuführen, versicherst du dir wieder und wieder selbst, dass du deine Seele nicht der Person gibst, die du liebst. Du gibst ihr dein Herz, aber nicht deine Seele. Versichere dir selbst wieder und wieder, dass du deine Seele deiner Bestimmung gibst.

Achte, während du diese Unterscheidung triffst, auf die Veränderungen. Einige Menschen berichten, dass ihr Sein eine Leichtigkeit gewinnt, so als ob ihre Seele von einer unbekannten Last befreit sei. Andere bemerken, dass ihre tägliche Arbeit eine neue Ebene von Effektivität erreicht. Sie stellen fest, dass sie sogar den Mut haben, weit kühnere Dinge zu kreieren, verbunden mit einer neu gefundenen Sicherheit – ohne Angst vor Liebesverlust, wenn sie einen Fehler machen. Einige Leute finden, dass ihre Beziehung durch eine neue Freiheit im Ausdruck beginnt zu blühen, so als ob sie von einer alten Verunreinigung rein gewaschen worden sei. Nimm Notiz von den Veränderungen, die du erfährst, und schreibe sie dir auf.

ABENTEUER 34

Entdeckung: Es gibt einen Unterschied zwischen positivem Feedback und Lob. Lob ist Konditionierung.

Bedeutung: Unser Wert als Raumhalter, ob zu Hause oder im Beruf, lässt sich ableiten aus der Qualität der Begleitung, die wir zur Verfügung stellen. Wenn wir den Unterschied zwischen positivem Feedback und Lob nicht kennen, oder zwischen negativem Feedback und Tadel, dann kennen wir auch nicht den Unterschied zwischen Coaching und Manipulation. Ohne diese Unterscheidung kann die Kommunikation eines Possibility-Managers nach hinten losgehen und Ergebnisse erzeugen, die unserer geplanten Absicht entgegenstehen.

Einfache Sätze wie „gute Arbeit!“, „sauber erledigt!“, „das ist wundervoll!“ und „das gefällt mir“ können eine versteckte Manipulation enthalten, mit der wir versuchen, die Person zu einer Fortsetzung des gleichen Verhaltens zu veranlassen. Wenn positives Feedback die versteckte Absicht der Manipulation beinhaltet, dann ist es kein positives Feedback. Es ist Lob, eine Form von Konditionierung. Es ist nichts anderes als einem Hund eine Belohnung zu geben, wenn er das tut, was wir wollen. Wir geben einer Person Lob als Belohnung dafür, dass sie das tut, was wir wollen. Wir benutzen Lob als Versuch, sie zu kontrollieren, so dass sie weiterhin das Gleiche tut.

Positives Feedback ist neutral und unpersönlich. Lob ist nicht neutral. Lob beinhaltet ein persönliches Interesse an einem zukünftigen Ergebnis. Das gleiche gilt für Tadel. Tadel ist nichts anderes als der Versuch, jemanden von einem bestimmten Verhalten abzuhalten. Bei Lob ist die Absicht der Manipulation schwieriger zu erkennen, da wir Lob mit positivem Feedback verwechseln.

Wir sind darin ausgebildet worden, dass es gut ist, wenn wir positives Feedback erhalten und schlecht, wenn wir negatives Feedback erhalten. Aufgrund dieser verkehrten Verkabelung denken wir (unbewusst), dass wir gut sind, wenn wir positives Feedback geben und schlecht, wenn wir negatives Feedback geben. Achtung! Feedback ist weder gut noch schlecht. Feedback ist Feedback.

Die Verwendung von Lob greift in unseren Kommunikationen sehr stark um sich, besonders, wenn es sich dabei um Kinder handelt. Indem wir uns unseres Wunsches bewusst werden, eine andere Person dahingehend zu manipulieren, dass wir davon einen Vorteil oder mehr Bequemlichkeit haben, können wir erkennen, dass Lob in Wirklichkeit die andere Person schwächt. Lob nimmt der anderen Person die Möglichkeit, Feedback als Feedback einzuschätzen und dann selbst zu entscheiden, wie sie sich in Zukunft verhalten will. Wenn wir nach Lob suchen, passen wir uns an und geben unser Zentrum ab.

Wenn wir positives Feedback erhalten und darauf mit „oh, wie schön“ antworten, als ob wir den „Königin-des-Tages“-Preis für Papas bestes Mädchen oder Mamas guten Jungen erhalten hätten, dann haben wir positives Feedback in Lob umgewandelt. Auf diese Weise können wir positives Feedback nicht zuverlässig empfangen. Wir begehen den gleichen Fehler, wenn wir negatives Feedback in Tadel für unser Unrecht, unsere Schlechtigkeit oder Dummheit umwandeln.

Experiment: Das Experiment ist einfach. Höre auf zu loben. Höre auf zu tadeln. Übe dich in der Reinigung deiner Kommunikation. Wenn du möchtest, dass jemand weiterhin etwas tut, lobe ihn nicht. Übe dich darin, stattdessen so etwas zu sagen wie: „Ich möchte, dass du das weiterhin tust." Wenn ein Kind dir sein Kunstwerk zeigt, dann könntest du statt: „Oh, du bist ja ein richtiger Künstler!" sagen: „Vielen Dank, dass du mir das zeigst" oder: „Ich freue mich zu sehen, wie du dich selbst ausdrückst." Und wenn du möchtest, dass jemand aufhört, etwas zu tun, dann beschwere dich nicht darüber und tadele ihn nicht. Übe dich darin, stattdessen so etwas zu sagen wie: „Ich möchte, dass du aufhörst, das zu tun" oder: „Damit bin ich nicht einverstanden." Diese reinere Art der Kommunikation wird dich aus dem Bereich der Manipulation herausbringen.

Es wird etwas schwierig sein, positives Feedback ohne das erwartete „Danke!" entgegenzunehmen. Übe dich darin, stattdessen mit dem Satz „danke für das Feedback" zu antworten. Wenn die anderen sehen, dass du auf zuverlässige Art positives Feedback empfangen kannst, dann fühlen sie sich freier, dir mehr zu geben.

Wenn du negatives Feedback erhältst, dann hält dich der Satz „danke für das Feedback" in Beziehung mit der Person, die dir das Feedback gegeben hat. Sie weiß, dass du das negative Feedback auf verantwortliche Weise für Hohes Drama nutzt, und zwar für Box-Erweiterung, Transformation oder Lernen, statt es auf unverantwortliche Weise für Niederes Drama zu gebrauchen, wo du dich unzulänglich, unsicher oder beleidigt fühlst. Wenn die anderen sehen, dass du auf zuverlässige Art negatives Feedback empfangen kannst, dann fühlen sie sich freier, dir mehr zu geben.

ABENTEUER 35

Entdeckung: Gekränkt sein ist immer das Ergebnis von Selbsteingenommenheit.

Bedeutung: Die körperliche Empfindung, die ausgelöst wird, wenn wir uns beleidigt oder angegriffen fühlen, ist ein fühlbarer Anzeiger dafür, dass unser unbewusster Geschichten-Generator wieder einmal dabei ist, ein Niederes Drama auszuspucken. Da es sich beim Beleidigtsein um eine so starke

Empfindung handelt, nutzt die Box sie geschickt als Beweismaterial für die Echtheit dieser Geschichte und rechtfertigt damit ihre Verteidigungs- oder Angriffshandlungen.

Das Gefühl von Beleidigtsein ist lediglich eine körperliche Reaktion auf die chemischen Ausschüttungen bestimmter Drüsen. Es sind schon Menschen gestorben, weil ihre Box in ihnen das Gefühl von Beleidigtsein erzeugt hat und dann diese Erfahrung als Rechtfertigung für drastische Verteidigungsmaßnahmen ihrer Position herangezogen hat. Die Box sagt: „Wie kannst du es wagen, du Schurke! Ich fordere dich zum Duell heraus! Wähle deine Waffe!" Wie schafft es die Box, sich angegriffen oder beleidigt zu fühlen, wann immer sie will?

Sich angegriffen zu fühlen, ist ein aus zwei Schritten bestehender Prozess. Erstens können wir uns nur angegriffen fühlen, wenn wir denken, dass wir unsere Box sind. Wenn unsere Box auf etwas reagiert und wir uns selbst *nicht* mit unserer Box identifizieren, dann beobachten wir einfach die Reaktionen unserer Box, ziehen diese aber nicht als Begründung für irgendetwas heran. Zweitens können wir uns nur dann angegriffen oder beleidigt fühlen, wenn wir davon ausgehen, dass wir von Bedeutung sind, dass wir *jemand* sind, oder dass wir Recht haben. Wir können nur dann beleidigt werden, wenn wir uns selbst eine übermäßige Wichtigkeit zuschreiben.

Abgesehen von der Absicht des bewussten Theaterspielens strebt ein Possibility-Manager danach, unsichtbar zu sein. Unsichtbar zu sein bedeutet nicht, dass wir unser Zentrum abgegeben haben, sondern dass wir mit unserer Umgebung eine Einheit bilden. Wie können wir lernen, unsichtbar zu sein? Indem wir lernen, was uns sichtbar macht, und dann genau das nicht mehr tun. Angreifbar und kränkbar zu sein macht uns sichtbar. Selbstüberschätzung und Aufgeblasenheit machen uns sichtbar. Wenn wir uns selbst zu wichtig nehmen, werden wir zu einem gefundenen Fressen für andere. Andere Boxen nehmen augenblicklich unsere Selbsteingenommenheit wahr und wissen schon von weitem, dass wir leichte Beute für ein Niederes Drama sind. Wenn wir von uns selbst zu eingenommen sind, ist es, als hielten wir unseren Mantel auf und riefen: „Hallo, drücke einfach diese Knöpfe und meine Reaktion ist dir gewiss!"

Wann immer ein erfahrener Possibility-Manager sich angegriffen fühlt – er ist dankbar dafür. Das Gefühl, beleidigt worden zu sein, zeigt dem Possibility-Manager den direkten Pfad zurück zu dem Ankerpunkt, an dem sich seine Box in eine feste Position verbissen hat. Diese Verbissenheit ist Starrsinn, eine Identifikation und Blockade, so wie Muskelkrämpfe, die eine kräftige Massage brauchen. Eine festgenagelte Position von Rechthaberei einzunehmen, ist wie das Herumschleppen von unnötigem Gepäck auf einer Reise. Es ist zwar nie angenehm, sich angegriffen oder beleidigt zu fühlen, aber ein Possibility-Manager dankt es jedem, der ihm aufzeigt, wie er seine Last verringern kann.

Experiment: Dieses Experiment besteht aus zwei Phasen.

Phase 1: Sei in all den Momenten, in denen du dich angegriffen fühlst, besonders aufmerksam.

Benutze dein Notizbuch – dein „Feedback-Buch“ – und deinen Stift, um jeden Fall von Kränkung aufzuschreiben. Was hat dich angegriffen oder gekränkt? Warum war es eine Beleidigung? Welche Reaktionen deinerseits kannst du anhand dieses Angriffs rechtfertigen?

In sehr kurzer Zeit wirst du beobachten, wie oft du dich angegriffen oder gekränkt fühlst und welchen Zweck das Beleidigtsein für deine Box erfüllt.

Nachdem du dem Auslösemechanismus deiner Box ein paar Tage lang auf der Spur warst, kannst du mit der zweiten Phase des Experiments beginnen.

Phase 2: Lasse die Selbsteingenommenheit verschwinden. Höre auf, Recht zu haben. Stattdessen nimm an, dass du im Grunde in keiner Situation weißt, was passiert. Benutze dabei nicht das „ich weiß nicht“ der Ignoranz, Verwirrung oder Entkräftigung. Benutze das „ich weiß nicht“ von Offenheit, Akzeptanz, Interesse, Verwunderung und Ehrfurcht. Gib dich dem Nicht-Wissen hin. Egal, was passiert, entferne dich von der Position, in der du Bescheid weißt und Recht hast. Betrachte den Schock, dass jemand dir etwas entgegensetzt, nicht als Grund, dich angegriffen zu fühlen, sondern als Tor zu neuen Möglichkeiten und als Schritt zu einer vertieften Beziehung.

ABENTEUER 36

Entdeckung: Beziehung ist ein ständiger Akt nicht-linearer Schöpfung.

Bedeutung: Das Paar ist frisch verheiratet. Am ersten Abend kommt der Mann von der Arbeit nach Hause und sagt: „Hallo, Liebling" und gibt ihr einen dicken Kuss. Er sagt: „Ich liebe dich!" Sie sagt: „Ich liebe dich auch! Es ist so wundervoll!" Am zweiten Abend kommt der Mann von der Arbeit nach Hause und sagt: „Hallo, Liebling" und gibt ihr einen dicken Kuss. Er sagt: „Ich liebe dich!" Sie sagt: „Ja, ich weiß. Ich liebe dich auch." Am dritten Abend kommt der Mann von der Arbeit nach Hause und sagt: „Hallo, Liebling" und gibt ihr einen dicken Kuss. Er sagt: „Ich liebe dich!" Sie sagt: „Sonst noch was?"

Wenn die Beziehung vorhersagbar ist, ist sie tot. Wenn der Energieaustausch und die Kommunikation linear verlaufen, ist die Beziehung nicht lebendig. Beziehungen nähren uns nur, wenn sie lebendig sind. Das gilt für die Beziehung zu deinem Chef, zu deinem Kunden, zu deinen Kollegen, zu deinen Kindern, zu deinen Nachbarn und zu deinen Eltern, nicht nur für die Beziehung zu deinem Partner oder deiner Partnerin. Wenn in der Beziehung kein Fluss herrscht und keine Erweiterung, wenn sie nicht in die Tiefe geht, sich nicht verändert und sich nicht entwickelt, dann ist sie nicht lebendig.

Um an einer lebendigen Beziehung teilzuhaben, müssen wir selbst auch lebendig sein. In einer Beziehung geht es nicht darum, das Problem der Einsamkeit oder der eigenen Sicherheit zu lösen. In einer Beziehung geht es um das Erschaffen der Möglichkeit, dass das Prinzip der Beziehung in der Welt existiert.

Possibility-Manager gehen keine Beziehung ein, um etwas zu bekommen. Als Possibility-Manager beginnen wir bei der Deklaration: „Alles was ich brauche, ist bereits vorhanden." Wir gehen als Schöpfer eine Beziehung ein, um etwas zu geben. Wir leben unsere Bestimmung, indem wir unseren Beziehungen dienen. Jede Beziehung, die wir haben, ist ein Laboratorium, in dem wir Experimente durchführen können. Experimente wie das Erschaffen von Möglichkeiten, Integrität trainieren, verletzlich sein, heilen, die Box erweitern und so weiter.

Nichtlineare Schöpfung bedeutet, dass wir selbst nicht unbedingt wissen, was als nächstes passiert. Schöpfung geschieht nur in einem minimierten JETZT. Wenn wir völlig präsent sind und akzeptieren, was in diesem Moment geschieht, dann ist im nächsten Moment alles möglich.

Experiment: Fange damit an, in deinen Beziehungen nichtlinear zu sein. Komme so rechtzeitig zur Arbeit, dass du noch mit deinem Chef oder deinen Kollegen Kaffee trinken kannst. Gründe einen Realitäten-Neuerfindungs-Club mit ihnen. Rufe mitten am Tag deinen Partner an, nicht, um ihn um etwas zu bitten, aber auch nicht einfach nur so. Rufe ihn an, weil du einfach unbedingt eine bestimmte Eigenschaft an ihm wertschätzen musst. Rufe ihn an, um Möglichkeiten für ihn zu erschaffen. Rufe ihn an, um zu untersuchen, wie die Realität funktioniert, um interessante Pläne für den gemeinsamen Abend zu machen, um zu enthüllen, wer du im Flüssigzustand bist, um der Mittelmäßigkeit zu entgehen, um die Einzigartigkeit des anderen zu bestätigen, um mit einem anderen Teil von ihm zu sprechen, mit dem du beinahe nie sprichst. Bewege dich, bewirke etwas, wechsle die Identität, löse etwas aus, lade ein, verlange, verändere dein Timing und sei nicht-linear. Für einen Possibility-Manager gibt es in Beziehungsfragen erstens die eine Box, zweitens die andere Box und schließlich eine dritte Sache, die sich Beziehung nennt. Richte deine Aufmerksamkeit darauf, deine Beziehung zu nähren. Wenn du dafür Sorge trägst, deine Beziehung in einer außergewöhnlichen und nicht-linearen Weise zu nähren, dann wirst du vielleicht feststellen, dass du gleichfalls genährt wirst. Das Leben kann schön sein.

ABENTEUER 37

Entdeckung: Die beste Art und Weise etwas zu lernen ist, es zu lehren.

Bedeutung: An einem bestimmten Punkt unserer Entwicklung, den die meisten von uns (das heißt auch du!) schon erreicht haben, wird unsere weitere Entwicklung dadurch vorangetrieben, dass wir anderen Menschen dienen, indem wir ihnen irgendeine Art von Heilung, Bildung oder Training anbieten. Einer Gruppe von defensiven, schlauen, widerspenstigen und vom Gremlin beherrschten Boxen gegenüber zu stehen, ist eine derart komplexe und konfrontative Herausforderung, dass der einzige Weg durch diese Hindernisse nur möglich ist, indem wir uns selbst immer wieder neu erfinden. Auf diese Art und Weise ist unser weiteres Lernen gesichert. Die Gruppe ist der Schmelztiegel, und unsere bedingungslose Verpflichtung für deren Erfolg bietet die notwendige Hitze. Im Grunde genommen ist die Aufgabe unmöglich. Wir erledigen sie trotzdem.

Wenn wir beginnen, uns darin zu üben, für andere Klarheit und Möglichkeiten zur Verfügung zu stellen, müssen wir vorher gewarnt werden. Wenn wir daran gehen, etwas zu lehren und dabei unbewusst eine Dynamik von Lehrer zu Student, Ärztin zu Patientin oder Therapeut zu „Verrücktem", dann ist die Beziehung unausgewogen und dient lediglich unserem „versteckten Zweck". Indem wir uns selbst in diese abgegrenzte oder überlegene Position stellen, spielen wir mit sehr niedrigem Einsatz, um uns in diesem Spiel keinem Risiko auszusetzen.

Für einen Possibility-Manager ist es nützlicher und effektiver, für sich ein Team von „Entdecker-Kollegen" aufzubauen. In einem Lern-Team lassen wir uns gemeinsam auf das Abenteuer ein. Du sitzt nur deswegen im Cockpit, weil du mehr Erfahrung darin hast, für ein Team bei der Erkundung eines unbekannten Gebietes einen sicheren Rahmen zu erschaffen und zu halten. Deine eigentliche Absicht besteht darin, dich selbst zu ersetzen und weitere Piloten zu trainieren. Du machst den ersten Schritt, damit auch andere dorthin gehen können. Du gehst als erster in den Flüssigzustand, du dringst als erster in die Drachenhöhle ein, du verschwindest als erster in der Intensität von Bodenlosigkeit. Aber ohne dein Team und den Segen deiner Lehrer und ihrer Tradition, die dir das Wissen und die Landkarten übermittelt haben, gelangst du gar nicht erst dorthin. Du lehrst andere, weil es für dich ein Weg ist, um deine „Schulden" zurückzuzahlen. Du gibst anderen aus Dankbarkeit für das, was dir gegeben wurde.

Was wir gelernt haben, lebt nur dadurch, dass wir es weitergeben. Unser Lernerfolg lebt durch unsere eigene Kommunikation über den Erfolg, den unser Lernen für uns bringt. Dieser Erfolg lebt durch unsere Erzählungen und dadurch, dass wir es mit anderen teilen, erneut auf. Unsere Arbeit besteht darin, das, was wir empfangen haben, zu vervielfachen. Indem wir den Kontext erneut erzeugen, lebt der Kontext. Wir besitzen das Geschenk, das wir erhalten haben, erst dann, wenn wir es weggeben können.

Experiment: Das Experiment ist vielleicht nicht das Richtige für dich; es ist nicht für jeden etwas. Wenn es nichts für dich ist, mache es nicht. (Du bekommst eine Woche Urlaub.) Wenn es etwas für dich ist, dann ist es höchste Zeit, dass du es machst, und am besten legst du gleich los. Du hast kaum genug Zeit, all das zu tun, was für dich ansteht. Es wird immer Entschuldigungen und Gründe dafür geben, es nicht zu tun, aber nichts anderes kann diesen Platz in deinem Leben einnehmen, also kannst du genauso gut gleich damit anfangen.

Das Experiment geht folgendermaßen: Stelle eine Gruppe von Menschen zusammen, die sich regelmäßig einmal in der Woche treffen, wobei du der Raumhalter bist und die Verantwortung dafür trägst, eine Form von Weiterbildung für sie zur Verfügung zu stellen. Die Gruppe sollte aus wenigstens fünf, aber nicht mehr als fünfzehn Leuten bestehen. Eine Anzahl von acht ist ideal. Es ist egal, was du anbietest, wichtig ist, dass es dir wirklich am Herzen liegt und etwas bedeutet. Die Teilnehmer sollten sich für wenigstens drei Monate verpflichten und eine Teilnahmegebühr zahlen. Die Zahlung ist notwendig, weil so der Raum dafür geschaffen wird, dass sie das Angebotene empfangen können. Verpflichte dich dafür, daraus für jeden eine außergewöhnliche Erfahrung zu machen, wertvoller und interessanter als die Millionen Ablenkungen unseres Lebens. Lerne, den Unterschied zwischen Diskussionen und auf Erkundung ausgerichteten Gesprächen wahrzunehmen. Lasse keine Diskussionen zu. Fange pünktlich an, höre pünktlich auf. Schließe bei Beginn die Türen ab, so dass Zuspätkommer nicht mehr rein kommen. Viel Spaß und LOS!

ABENTEUER 38

Entdeckung: Alles passiert wortlos.

Bedeutung: Alles was sich ereignet, geschieht zunächst ohne Worte jeglicher Art. Selbst Worte allein – ob gesprochen, geschrieben oder gedacht – sind zunächst wortlos. Erst wenn die Worte im Zusammenhang stehen und an Vielfalt gewinnen, werden sie zu Worten, die eine Bedeutung tragen. Jede Mitteilung, die wir empfangen, ist zunächst wortlos. Unser Verstehen resultiert aus unserer Initiative, den Worten eine Bedeutung zu geben. Wir allein sind verantwortlich für jegliche Bedeutung, die wir erfahren.

Stelle dir zum Beispiel jemanden vor, der zu dir kommt und dich in einer Sprache anspricht, die du nicht verstehst. Die Worte, die er spricht, sind nichts weiter als verzerrte Geräusche und unterscheiden sich nicht sehr vom Wind, der durch die Bäume rauscht oder vom Wasser, das die Felsen hinunter plätschert. Selbst wenn dein Gast reale Worte zu dir spricht, kann dein Verstand diesen Worten keinerlei Bedeutung geben. Die Worte haben keine Auswirkung. Kommunikation findet im Verstand des Zuhörers statt.

Sieh dich jetzt einmal um. Finde irgendwo ein gedrucktes Wort. Sieh dir das Wort an, als sei es ein abstraktes Kunstwerk. Das Design besteht aus Formen, Kurven und Farben. Es ist eine Form ohne Bedeutung. Untersuche, wie dein Verstand darauf besteht, den vertrauten und doch bedeutungslosen Formen eine Bedeutung zu geben. Unser Verstand ist eine bedeutungsgebende Maschine. Wir vergessen oft, wer die eigentliche Kontrolle über den Programmknopf der Maschine besitzt.

Es ist uns derart vertraut, mit einer verbalen Realität zu arbeiten, dass wir andere Realitäten ignorieren. Wir denken, Worte sind mächtiger als Taten. Also machen wir kleine Versprechungen mit dem Hintergedanken, dass wir sie nicht einhalten müssen. Wir plaudern geistreich und reißen Witze, ignorieren jedoch gleichzeitig die Energien solcher Konversationen zu Prestigezwecken. Wir denken, Gründe oder Ausreden hätten eine Bedeutung oder würden etwas ändern und bieten sie statt Ergebnissen an. Wir denken, die Bedeutungen, die wir den

Worten von anderen geben, seien die wahren Bedeutungen, und dann reagieren wir entsprechend, obwohl viele andere Bedeutungen möglich sind.

Possibility-Management ereignet sich vor allem in einem Reich ohne Worte. Im Reich ohne Worte gibt es keine Gründe, Ausreden, Auseinandersetzungen, Erklärungen, Rechtfertigungen, Beschwerden, Beschuldigungen, Lobesworte oder Huldigungen. Bedeutungen sind nichts weiter als Auslöser, die wir benutzen, um emotionale Reaktionen in uns hervorzurufen. Unsere emotionalen Reaktionen benutzen wir daraufhin dafür, das zu rechtfertigen, was wir sowieso tun wollen. Ein Possibility-Manager verrichtet seine Arbeit auf der energetischen Ebene, die den Worten vorausgeht. Er übernimmt Verantwortung für das, was er wirklich tun will, ohne sich auf Gründe, Erklärungen oder Ausreden zu berufen.

Ein Possibility-Manager weiß, dass jeder Mensch aus jeder Kommunikation jede vorstellbare Bedeutung ableiten kann. Ein Possibility-Manager weiß, dass alles, was passiert, nichts ist, bis er sagt, was es ist.

Experiment: Führe in dieser Woche folgendes grundlegende Experiment durch. Gib von diesem Moment an für die nächsten sieben Tage allem, was andere zu dir sagen, die Bedeutung von „ich liebe dich".

ABENTEUER 39

Entdeckung: Die abwegigste Opfergeschichte ist die verantwortliche Opfergeschichte.

Bedeutung: Eine der grundlegenden Einsichten im Possibility-Management ist die, dass es unmöglich ist, ein Opfer zu sein. Ein Possibility-Manager weiß, dass jedes Mal, wenn wir denken, wir seien ein Opfer, unsere Box sich einfach unter Verwendung von „Ist"-Kleber eine Opfergeschichte zurechtgebastelt hat. Wir glauben dieser selbst gemachten Geschichte, betreten die neu geschaffene Spielwelt und handeln so, als sei sie solide und real wie ein Berg. Selbst wenn wir von dieser Idee schon einmal gehört haben, füttert uns die Box immer wieder auf subtile oder offen unangenehme Art mit der Geschichte, dass wir ein Opfer sind.

Es gibt zwei grundlegende Arten von Opfergeschichten. Bei der ersten Art gibt es einen Täter. Es ist relativ leicht, solche Gremlin-Schöpfungen zurück zu verfolgen zu ihrer Quelle, wo es eine Person gibt, die als Täter für die Beleidigung oder die Unbequemlichkeit identifiziert werden kann. Wir können feststellen, dass wir als Gremlin eine Belohnung für unsere rechtmäßige Anschuldigung gegenüber dem „Feind" bekommen, wenn wir beweisen, dass er der Grund unserer Situation ist und wir ihn direkt beschuldigen können. Wir können unsere Teilnahme an der Gremlin-Fütterungs-Show der Rechtschaffenheit und des Grolls spüren. Und wir können üben, die damit einhergehende Befriedigung zu entdecken, wenn wir anderen die Schuld zuweisen und nachweisen, dass sie uns verletzt haben. Wir können lernen, in uns selbst das verantwortungsfreie Entzücken von gerechtfertigter Rache zu spüren. Wir können einen Detektor für Niederes Drama in unserem Verstand installieren, der blinkt und laut piept, wann immer selbst erzeugte Chemikalien durch unsere Adrenalindrüsen rauschen. Es ist relativ leicht, darauf aufzupassen, diese erste Art von Opfergeschichte zu vermeiden.

Schwieriger jedoch ist es, die Drama-Maschine bei ihrer Arbeit wahrzunehmen, wenn es keinen speziellen Täter gibt. Wenn Umstände gleichzeitig oder zufällig aufzutauchen scheinen und uns dazu „zwingen", „Verantwortung" entgegen unseren Wünschen zu übernehmen, dann erzeugt der Gremlin eine verantwortliche Opfergeschichte. Die Geschichte geht dann ungefähr so: Wir sind doch die einzigen, die für diese Aufgabe oder dafür, das Chaos aufzuräumen, die „Verantwortung übernehmen". Die anderen können währenddessen ins Kino gehen oder werden zur Party eingeladen, und wir – wir müssen länger im Büro sitzen und bis spät arbeiten oder zu Hause bleiben und auf die Kinder aufpassen oder den Müll raustragen oder das Konto ausgleichen oder den Abwasch machen oder die Wäsche falten oder die Rechnungen bezahlen – und die anderen, die können machen, was sie wollen. Die können sich ihrem künstlerischen Hobby widmen und kreativ sein, während wir die ganze Schmutzarbeit erledigen, weil kein anderer es tut. Wir scheinen die einzigen zu sein, die einen Überblick darüber haben, was getan werden muss. Dies sind die Gremlin-Geschichten, die vom „verantwortlichen Opfer" erzeugt werden, dem Opfer der Verantwortung. Es braucht ungeheuren Mut, die Handlungen des Gremlins aufzuspüren, wenn er die verantwortliche Opfergeschichte erzeugt.

Ein Possibility-Manager weiß aus Erfahrung, dass Verantwortung ein Privileg und eine Ehre ist. Das verantwortliche Opfer hingegen interpretiert Verantwortung als Last oder Problem. Verantwortung ist unfair. Es ist leicht, deinen Standort auf dieser Karte auszumachen.

Experiment: Richte während der nächsten sieben Tage besondere Aufmerksamkeit auf die Arten von Geschichten, die du erzeugst, um dich zu rechtfertigen oder zu erklären, warum du etwas, das dir Unbequemlichkeit bereitet, tust oder nicht tust. Achte beispielsweise darauf, was du dir selbst sagst, wenn Dinge nicht so klappen, wie du es erwartet oder erhofft hast. Achte darauf, was du dir selbst sagst, wenn du nicht dazu kommst, das zu tun, was du tun wolltest oder die Dinge nicht fair laufen. Bist du ein Opfer oder bist du verantwortlich? Nachdem du diesen Geschichten einige Tage auf der Spur warst, führe das Experiment durch, eine andere Spielwelt zu erzeugen. Das Experiment besteht darin, unbequemen, intensiven oder unerwarteten Situationen zu begegnen und dann zu deklarieren: „Ich wähle dies" oder „ich mache jetzt jene Erfahrung". Wenn dein Auto im Regen auf dem Weg zur Arbeit einen Platten kriegt und du dadurch nass wirst und zu spät kommst, dann deklariere: „Ich wähle das", und dann handle von dort aus. Wenn du feststellst, dass du eine schwerere Last trägst als der andere, dann deklariere, statt eine verantwortliche Opfergeschichte zu erzeugen: „Ich wähle das." Wenn du anfängst, dich ängstlich, traurig oder wütend zu fühlen, deklariere: „Ich werde jetzt diese Erfahrung machen." Achte darauf, was sich verändert.

ABENTEUER 40

Entdeckung: Etwas völlig anderes ist möglich – genau jetzt.

Bedeutung: Wir sind menschliche Wesen. Eine starke und oft nicht anerkannte Eigenschaft menschlicher Wesen ist unsere Neigung, uns in diejenige Realität hineinziehen zu lassen, die von der vorherrschenden Story bestimmt wird. Das ist der Grund, warum wir Filme, Klatsch, Spiele, Lieder, Magazine, Zeitungen, Fernsehen und das Internet so lieben. Wenn wir eine verlockende Story sehen, lesen oder hören, dann schaltet unser Verstand in der Geschwindigkeit eines Lidschlags von der Gefangenschaft in der gegenwärtigen Wirklichkeit um auf die Gefangenschaft in der neuen Realität. In den meisten Fällen bemerken wir den Wechsel von einer Realität in die nächste nicht einmal, obwohl die Folgen enorm sein können.

Wenn wir in einer Realität verstrickt sind, die durch eine bestimmte Story erzeugt wird, schließt unser Verstand die Möglichkeit aus, dass irgendeine andere Realität existieren könnte. Diesen Zustand bezeichnen wir mit ‚identifiziert sein'. Unsere Box liebt es, identifiziert zu sein, denn dann funktionieren wir so, als seien wir unsere Box. Wenn unsere Box mit einer Wirklichkeit identifiziert ist, möchten wir diese Wirklichkeit nicht verlassen. Es ist wie mit einem Kind in der Badewanne: Erst will das Kind nicht in die Badewanne hinein, und am Ende will es nicht mehr heraus.

Wir sind bereits Experten darin, von einer Realität zur nächsten zu wechseln. Der Punkt ist der, dass wir unbewusst wechseln, da unsere Aufmerksamkeit zu hundert Prozent absorbiert ist. Um unsere Aufgabe als Possibility-Manager zu erledigen, brauchen wir eine Lücke, und sei sie auch noch so winzig, zwischen unserer Aufmerksamkeit und der vorherrschenden Geschichte, auch wenn (oder gerade wenn) wir selbst diese Geschichte erzählen! Wir müssen nicht unbedingt zu einer anderen Realität wechseln, wir müssen nur die *Möglichkeit* besitzen, zu einer anderen Realität zu wechseln.

Das perfekte Werkzeug, das uns davon abhält, uns zu hundert Prozent mit irgendeiner Geschichte zu identifizieren, ist unser Gremlin. Unser Gremlin ist der König oder die Königin unserer Schattenwelt und widmet sich dem Ziel, den Schattenprinzipien unserer versteckten Absicht zu dienen. Der Gremlin besitzt die Fähigkeit (und blüht darin auf), unmittelbar jeden Raum zu jeder Zeit ohne Grund zu zerstören. Einer Hypnotisierung vorzubeugen, indem wir den Gremlin parat haben, aber an der kurzen Leine führen, ist ein Beispiel für den verantwortungsvollen Gebrauch des Gremlins. Ein aktivierter Gremlin schützt einen Possibility-Manager davor, sich komplett in eine Realität hineinsaugen zu lassen, und sei sie noch so überzeugend gesponnen.

Das Werkzeug, das ein Possibility-Manager benutzt, um sich im rechten Winkel zur vorherrschenden Geschichte zu bewegen, wird der Möglichkeiten-Zauberstab genannt. Bei Gebrauch deklariert der Möglichkeiten-Zauberstab: „Etwas vollkommen anderes ist möglich – genau jetzt." Auf diese Art und Weise schult ein Possibility-Manager seine Fähigkeit, sich zu jeder Zeit rechtwinklig zu jeder bestehenden Realität zu bewegen. Dabei erzeugt er den Raum, in dem neue Möglichkeiten immer eine Möglichkeit sind.

Die Leute um uns herum können diese Kraft spüren. Sie ist kein Geheimnis. Die Erfahrung unserer Umgebung umfasst die ganze Bandbreite von Begeisterung über das stetige Vorhandensein neuer Möglichkeiten bis hin zu einer beträchtlichen Angst, die Fadenscheinigkeit einer Realität zu erleben, von der sie bisher geglaubt haben, sie sei unabänderlich. Es passiert leicht, dass wir unsere Fähigkeit, den Boxen anderer Leute auszuweichen, zu Gremlin-Zwecken nutzen. Nimm das als ernsthafte Warnung. Der Möglichkeiten-Zauberstab kann wie jedes andere Werkzeug sowohl für bewusste als auch für unbewusste Zwecke verwendet werden. Sei wachsam.

Experiment: Um dieses Experiment durchzuführen, musst du diese Woche eine Party besuchen, einer Besprechung beiwohnen oder ins Kino gehen. Bereite dich darauf vor, indem du einen Erinnerungsfaktor mitbringst. Binde dir z.B. einen Faden um den Finger. Das Experiment ist folgendes: Gelobe, während der Party, der Besprechung oder des Filmes nicht ein einziges Mal mit der vorherrschenden Geschichte identifiziert zu sein. Benutze deinen Erinnerungsfaktor, um dich jederzeit daran zu erinnern, dass es sich um eine Party, eine Besprechung oder einen Film handelt. Konzentriere dich auf das, was jenseits der Begrenzung liegt. Bleibe in dem Bereich, wo du weißt, dass egal, welche Wirklichkeit gerade in der Geschichte erzeugt wird, etwas völlig anderes genau jetzt möglich ist. Zähle, wie oft du identifiziert bist. Versuche zu beobachten, was dich am leichtesten hypnotisiert. Übe dich im weiteren darin, die Gelegenheiten, wo du das Tor zu unbegrenzten Möglichkeiten verlierst, zu verringern. Und denke über diese Frage nach: Wenn ein Possibility-Manager das Tor zu unbegrenzten Möglichkeit verliert, wie kann er dann noch dienlich sein?

ABENTEUER 41

Entdeckung: Ein Gespräch über das Gespräch erschafft die Möglichkeit der Möglichkeit.

Bedeutung: Ein Gespräch über ein Gespräch wird Meta-Gespräch genannt. Normalerweise kommen wir gar nicht auf den Gedanken, ein Gespräch über unser Gespräch zu führen, weil wir so sehr in unsere Gespräche versponnen sind, dass kein anderes Gespräch möglich erscheint. Ein Meta-Gespräch würde die unausgesprochenen Regeln jeder Konversation verletzen. Wir geben unseren Gesprächen einen falschen Anschein von Wichtigkeit oder Wirklichkeit, indem wir uns selbst an eine einschränkende Reihe von Annahmen klammern. Die erste Annahme lautet: „Dies ist das einzig mögliche Gespräch."

Vor einigen Jahren kam die russische Regierung im Rahmen einer Konferenz zusammen und erörterte den traurigen Stand der Dinge. Ein Abgeordneter nach dem anderen sprach detailliert über den entsetzlichen Mangel an Ressourcen im eigenen Land, die notwendig wären, um Arbeitsplätze zu schaffen, Häuser zu bauen, Ausbildungs- und Gesundheitsprogramme zu realisieren, Transportwege sowie Handel zu erschließen und Wachstum zu erzielen. Sie machten deutlich, wie ernst ihre Probleme seien, wie wenig Wahlmöglichkeiten sie hätten und wie begrenzt ihre Möglichkeiten seien. Die gesamte Zukunft der

Nation sah trostlos und hoffnungslos aus. Einer der Gastredner war ein amerikanischer Erfinder namens Buckminster Fuller. Mr. Fuller begann seine Rede mit einem Rückblick auf die Art von Reden, die er bisher auf der Konferenz gehört hatte. Vorangegangene Präsentationen waren durchweg Problemmitteilungen, Konversationen, die auf Mangel basierten, Opferkonversationen, und jede war so aufgebaut, dass sie zu katastrophalen Ergebnissen kommen musste. Daraufhin kündigte Mr. Fuller an, er werde dieselben Beweise, die bisher vorgebracht worden seien, nun dazu verwenden, eine andere Art von Gespräch in Gang zu setzen. Er begann zu erklären, dass in Wirklichkeit bereits genug Ressourcen vorhanden seien. Er zeigte auf, dass es, aus einer anderen Perspektive betrachtet, eine Fülle an Gelegenheiten für Häuserbau, Arbeitsplatzbeschaffung, Ausbildung, Handel usw. gebe. Die Ressourcen seien nicht das Problem. Die Art des Gesprächs darüber sei das Problem. Aus einer anderen Perspektive betrachtet besaßen sie nämlich viele bisher übersehene Optionen und Möglichkeiten. Die Regierungsleute waren so überrascht, dass sie alle anderen Präsentationen, die noch vorgesehen waren, absagten und für die restliche Konferenzzeit Buckminster Fuller die Gelegenheit gaben, weiter zu ihnen in dieser neuen Art der Konversation zu sprechen.

Jedes Gespräch, das wir führen, enthält von Natur aus Begrenzungen, die von Anfang an in dessen Formulierung eingebaut sind. Die Begrenzungen einer Unterhaltung, ob sie geschäftlich oder privat geführt wird, ob mit Einzelpersonen oder in einer Gruppe, entspringen immer dem Kontext der Unterhaltung. Ein Possibility-Manager behält sich das Recht vor, zu jeder Zeit und ohne Grund ein Gespräch über das Gespräch zu führen. Das macht den Possibility-Manager auf gewisse Weise gefährlich – er lässt sich durch die Begrenzungen im Hinblick auf den Kontext einer typischen Konversation nicht aufhalten, denn ein Possibility-Manager ist selbst eine Quelle von Kontext. Besitzt die gegenwärtige Konversation nicht genug Integrität, Klarheit oder Offenheit für neue Möglichkeiten, um den Erfordernissen der Lage gerecht zu werden, kann der Possibility-Manager den Kontext der Konversation neu erfinden. Wenn wir von einer Art des Gesprächs zu einer anderen wechseln, dann wechseln wir gleichzeitig von einer Reihe von Möglichkeiten zu einer anderen. Die Veränderung eines Gespräches kann die Welt verändern.

Experiment: Meta-Konversationen beginnen oftmals mit einer „orthogonalen" Frage quer zum Üblichen, denn orthogonale Fragen lenken die Aufmerksamkeit der Leute an einen Ort, wo sie vorher nicht war. In diesem Fall wird eine orthogonale Frage zu einem Gespräch die Aufmerksamkeit einer Person aus diesem Gespräch herauslenken. Im Folgenden einige Beispiele für orthogonale Fragen:

- Worum geht es hier eigentlich wirklich?
- Welche Art von Konversation ist das? Ist es Tratsch? Sind es Vorwürfe? Dreiecksgespräche? Niedere Dramen?
- Welche versteckten Annahmen haben wir hier eigentlich?
- Welcher Absicht dient das hier?
- Welche Dinge könnten wir im Moment sonst noch tun?
- Was haben wir vergessen?
- Wessen Gespräch ist das?
- Was bringt uns dieses Gespräch?
- Warum sagst du mir das?
- Was wäre nötig, damit wir unsere Integrität wahren und Verantwortung übernehmen?
- Sind wir Opfer?
- Was möchtest du wirklich tun?
- Wozu sind wir wirklich verpflichtet?
- Was könnten wir momentan noch in Betracht ziehen?
- Was ist hier wirklich von Bedeutung?
- Worüber machst du dir wirklich Sorgen?

Lerne zunächst drei der oben genannten Fragen auswendig. Dann platze, falle, schlüpfe, drehe dich, winde dich zweimal am Tag aus den Begrenzungen eines Gespräches heraus, indem du orthogonale Fragen stellst. Du musst nicht wissen, wie das neue Gespräch aussehen soll, bevor du das gegenwärtige Gespräch auseinander nimmst. Du brauchst nur das Gespür dafür, dass etwas anderes gewünscht oder gebraucht wird. Aber versuche dich daran zu erinnern, dass der Beginn eines Meta-Gespräches das gegenwärtige Gespräch sofort in Chaos und

Unordnung versetzt. Du solltest Acht geben, dass ein Meta-Gespräch nicht deinen Gremlin nährt. Wenn die anderen Leute deiner Führung folgen, werden sie ein wenig schockiert sein, zu entdecken, dass die vorherigen Begrenzungen nicht länger so standhalten, wie sie geglaubt haben. Es ist leicht, die Perspektive auf das zu lenken, was außerhalb eines Gespräches liegt. Der schwierigere Teil ist, sich überhaupt daran zu erinnern, dass ein Gespräch über ein Gespräch jederzeit möglich ist.

ABENTEUER 42

Entdeckung: Es gibt keinen Feind.

Bedeutung: Da unsere Box ursprünglich dazu entworfen ist, sich selbst zu verteidigen, fühlt es sich für unsere Box nur dann normal an, wenn sie sich gegen irgendetwas zu verteidigen hat. Daher besteht eine sehr natürliche und hartnäckige Verhaltensweise der Box darin, einen Feind zu erschaffen. Vielleicht gelangen wir einmal an den Punkt, wo wir das Phänomen beobachten können, dass wir morgens nach dem Aufwachen oder beim Betreten des Büros als erstes unsere Feinde zählen. Wir können feststellen, dass wir Groll hegen, Rechtfertigungen und Ausreden wiederholen, um zu beweisen, dass wir Recht haben und die anderen Unrecht, uns verschiedene Arten von Täuschungsmanövern, Racheakten und Verrat ausdenken usw. Sobald wir wissen, wer unsere Feinde sind, wissen wir, wer wir sind. Im Niederen Drama kann ein geschicktes Opfer Beweise finden, um über jeden eine Tätergeschichte zu erfinden. Wenn wir einen Täter haben, haben wir jemanden, gegen den wir uns verteidigen können.

Possibility-Management enthüllt, dass wir nur Geschichten erfinden, wenn wir einen Grund haben. Wenn wir Geschichten erfinden, dann dient die Geschichte einem Zweck. Wenn wir herausfinden wollen, dass der Zweck für eine bestimmte „Ist"-Kleber-Geschichte der ist, dass jemand unser Feind ist, dürfen wir uns nicht mit der Geschichte identifizieren. Es kann ein extrem unsicheres Gefühl sein, wenn wir uns nicht mehr damit identifizieren und die Feindgeschichte lediglich als eine weitere Geschichte betrachten. Die „Segnungen" des Niederen Dramas für die Box können innerhalb der Spielwelt, wo wir eine so anfechtbare und überzeugende Feind-Geschichte haben, unter Umständen so beträchtlich sein, dass wir die Box, sowie wir unseren Blick davon abwenden, augenblicklich in den Flüssigzustand versetzen. Trotzdem lohnt es sich, die folgende Idee des Schriftstellers David Gerrold zumindest zu erwägen: „Es gibt keinen Feind. Wir sind alle Märtyrer der Evolution."

Aus dieser grundlegenden Perspektive betrachtet dient jeder Kampf, dem wir uns während unserer Tage und Nächte gegenüber sehen – ob wir uns dessen bewusst sind oder nicht – dem Prinzip der Evolution. Daher ist der Zweck eines jeden Konfliktes oder Kampfes genau genommen Weiterentwicklung. Jedes Problem, dem wir begegnen, ist eine Einladung in ein speziell entworfenes Umfeld, das alle notwendigen Elemente enthält, damit wir die nächste Sache lernen.

Wenn es für uns stimmig ist, unsere Probleme anzunehmen, dann stimmen wir auch der Kraft der Evolution zu. Possibility-Manager sind dahingehend ausgebildet, diesen Wechsel der Sichtweise für Einzelpersonen ebenso zu beschleunigen wie für ganze Unternehmen. Wenn wir ohnehin schon schwimmen, warum sollen wir dann nicht stromabwärts schwimmen? Probleme werden zu wertvollen Lernbegleitern. Unsere Beziehung zu Menschen, Unternehmen oder Situationen, die wir bisher als unsere Gegenspieler betrachtet haben, verwandelt sich schlagartig in die Erfahrung, dass wir sie als Verbündete für unsere Weiterentwicklung ansehen können. So eröffnen wir ein neues Spiel.

Experiment: Beschließe, dieses Experiment jetzt durchzuführen. Innerhalb der nächsten Stunde wirst du irgendeinem Problem begegnen. Ob groß oder klein, technischer oder persönlicher Art, du wirst ein Problem haben. Beschließe jetzt, dass es keine Feinde gibt. Beschließe, dass die nächste Person, die dich mit einer Schwierigkeit zu behelligen scheint, in Wirklichkeit ein getarnter Agent der Evolution ist, der dir deine nächste Aufgabe stellt. Beschließe *jetzt*, mit ihr überein zu stimmen. Stimme einfach bereits zu. Wenn sie sagt, dass du falsch liegst, dass du etwas übersehen hast oder dass du einen Fehler gemacht hast, stimme einfach zu. Verteidige dich in keinster Weise. Bemerke, dass du dich, wenn du zustimmst, nicht mehr vom Feind unterscheidest, und schon gibt es keinen Feind mehr. Versuche nicht, deine Handlungen zu erklären oder zu rechtfertigen. Erfinde keine Ausreden für Untätigkeit. Werde dir bewusst, dass ihr beide dem selben Ziel entgegenstrebt, weil ihr beide versucht, die Dinge zu verbessern. Sage: „Toll! Du hast Recht! Schau mal einer an!" Versuche nicht, eine Lösung zu finden. Sei zunächst da, wo das Problem ist. Nimm selbst die Perspektive ein, dass es sich wirklich um ein Problem handelt und lasse die Problematik der Einzelheiten in dich hinein. Das wird sich nicht angenehm anfühlen. Sobald du die gleiche Perspektive einnimmst wie die Person, die das Problem an dich herangetragen hat, wird der nächste Handlungsschritt offensichtlich werden, und dieser Handlungsschritt entsteht aus einer Übereinstimmung heraus, nicht aus einem heldenhaften Verhalten. Mache dieses Experiment mehr als einmal. Achte auf jedes Muster, das sich in den erzielten Ergebnissen zeigt.

ABENTEUER 43

Entdeckung: Stress ist die uneingestandene Angst, dass etwas, was wir schon einmal erlebt haben, erneut geschehen wird.

Bedeutung: Es gibt zwei Arten von Stress: körperlichen Stress und mentalen/emotionalen Stress. Wir empfinden körperlichen Stress, wenn die uns umgebenden Bedingungen außerhalb unserer körperlichen Behaglichkeitsgrenze liegen. Körperlicher Stress kann graduell auftreten, zum Beispiel durch das Brummen oder Flackern von Neonlicht, den Lärm eines Zuges oder Flugzeuges, eine schlechte Körperhaltung, Überanstrengung der Augen, mangelhafte Ernährungsweise, Dauerschmerz, Schlafmangel, Bewegungsmangel usw. Körperlicher Stress kann auch plötzlich auftreten, zum Beispiel durch einen elektrischen Schock, einen plötzlichen Sturz, eine Schnittwunde oder Prellung, einen plötzlich ansteigenden Lärmpegel oder starke Lichteinwirkung. Körperlicher Stress kann nie ganz vermieden werden, aber seine Minimierung ist unkompliziert: Vermeide entweder die Faktoren, die körperlichen Stress verursachen, oder verbessere deine körperliche Verfassung, so dass sich der auftretende körperliche Stress innerhalb deiner körperlichen Toleranzgrenze bewegt.

Bei mentalem oder emotionalem Stress ist das nicht ganz so einfach. Dennoch kann mentaler oder emotionaler Stress, anders als körperlicher Stress, komplett vermieden werden, weil seine Quelle nicht die „Menschliche Hardware", sondern die „Menschliche Software" ist. Die Gründe für mentalen oder emotionalen Stress sind so verschieden und komplex wie unsere verschiedenen Boxen. Die exakt gleichen Umstände können einer Person Stress bereiten, einer anderen hingegen Freude. Weil es in Unternehmen gewöhnlich zu Konflikten und Zusammenbrüchen führt, wenn sich die Angestellten gestresst fühlen, muss ein Possibility-Manager in der Lage sein, Stress zurückzuverfolgen bis zu seinem Ursprung und von dort aus alternative Umgehensweisen zu erfinden.

Die Quelle von mentalem oder emotionalem Stress ist Angst – wobei uns nicht bewusst ist, dass wir sie fühlen. Eine interessante Facette von Angst ist, dass wir alles, wovor wir Angst haben, bereits einmal erfahren haben. Darum wissen wir, dass wir uns davor fürchten müssen. Wenn wir diese beiden Komponenten zusammenfügen, stellen wir fest, dass mentaler oder emotionaler Stress die nicht anerkannte Angst davor ist, dass uns etwas bereits Erlebtes noch einmal widerfährt. Das ist die Standardausführung der Menschlichen Software.

Vom Standpunkt der weiterentwickelten menschlichen Software des Possibility-Managements ist alles, was gerade *jetzt* geschieht, vorher *noch nie* geschehen. Es ist absolut einzigartig, komplett neu und völlig überraschend. Von diesem Gesichtspunkt aus betrachtet ist es für uns unmöglich, daraus mit Hilfe von „Ist"-Kleber eine beängstigende Geschichte zusammenzureimen, da wir vorher noch nie eine Situation erlebt haben, die mit der gegenwärtigen Situation exakt identisch war. Weil jede Situation neu ist, können wir keine Annahmen darüber treffen oder Erwartungen hegen. Wir wissen noch nicht, wie es sein wird oder was geschehen wird. Indem wir nur exakt das wahrnehmen, was *jetzt* geschieht, können wir es als genau das akzeptieren, was es ist, statt es für etwas zu halten, was wir bereits kennen. Indem wir uns dafür entscheiden, das, was ist, so anzunehmen, wie es tatsächlich ist, eröffnet sich uns die Möglichkeit, dass der nächste Moment völlig anders ist.

Experiment: Lies dir das folgende Szenario durch und probiere es dann selbst aus. Stell dir vor, du fühlst dich gestresst, wann immer du an eine bestimmte Person denkst oder in ihrer Nähe bist: Das kann ein Vorgesetzter, eine Kollegin oder ein Verwandter sein. Hier handelt es sich nicht um körperlichen Stress, sondern um mentalen oder emotionalen Stress, der, gerade weil er aus deinen Gedanken oder Gefühlen entsteht, gänzlich vermeidbar ist. Du kannst mentalen oder emotionalen Stress dadurch vermeiden, dass du dich dafür verantwortlich erklärst, nicht mehr fälschlicherweise anzunehmen, dass ein Moment wie der nächste ist. Das bedeutet, dass, obwohl du diese Person vielleicht erst vor ein paar Stunden, Minuten oder Sekunden gesehen hast, die Person, die gerade JETZT vor dir steht, nicht mit der vorherigen vergleichbar ist. Sie ist vollkommen ursprünglich. Du weißt nicht im voraus, wer sie ist. Sogar *während* einer Unterhaltung oder eines Treffens kann sie von einem Moment auf den anderen eine vollkommen andere sein. Wir sagen nicht, dass sie anders sein wird. (Die Erwartung zu hegen, dass jemand anders sein wird, ist genauso anstrengend wie anzunehmen, dass er der Gleiche bleiben wird). Indem du aber nicht von der Annahme ausgehst, dass du bereits weißt, wer derjenige ist, schaffst du den Raum dafür, dass er anders sein *könnte*. Demzufolge ist das, was jetzt gerade geschieht, niemals zuvor geschehen. Dadurch erhältst du unbegrenzte Möglichkeiten und Stress hat keine Chance.

ABENTEUER 44

Entdeckung: Neunundneunzig Prozent der Möglichkeiten, die uns in diesem Moment zur Verfügung stehen, sind für uns unsichtbar.

Bedeutung: Ein und dieselbe Aussage enthält die frustrierendste und die vielversprechendste Enthüllung zugleich, nämlich die Tatsache, dass wir uns buchstäblich in einem endlosen Bad alternativer Möglichkeiten tummeln. Das ist weder eine Metapher noch eine Phantasie. Es ist so real wie alles, was uns momentan in unserem Leben widerfährt. Das Universum ist unendlich reich an Möglichkeiten.

Das Frustrierende daran ist Folgendes: Wenn wir keine Möglichkeiten sehen und uns festgefahren fühlen, liegt das nicht daran, dass es keine Möglichkeiten gibt. Möglichkeiten gibt es immer. Wenn wir keine Möglichkeiten haben, liegt es nur daran, dass wir sie nicht sehen können.

Was hält uns davon ab, neue Möglichkeiten zu erkennen? Es ist unsere Box, die aus Annahmen, Projektionen, Glaubenssätzen, Vorlieben, Meinungen, Schlussfolgerungen, Bewertungen und so weiter besteht und all diese Dinge auf kunstvolle Art miteinander verknüpft. Ihr Ziel ist es, uns davon abzuhalten, irgendetwas wahrzunehmen oder auszudrücken, was die Welt für uns ändert.

Die einzige menschliche Box, die wir nicht sehen können, ist unsere eigene. Die einzigen Möglichkeiten einer Person, die wir nicht sehen können, sind unsere eigenen. Nur weil wir keine Möglichkeiten erkennen können, bedeutet das nicht, dass es keine Möglichkeiten gibt. Nur weil wir keine Möglichkeiten sehen können, bedeutet das nicht, dass wir keinen Zugang zu Möglichkeiten haben. Hier kommt die gute Nachricht: Diese Situation kann aus sich selbst heraus nicht-lineare Handlungsschritte freisetzen.

Widme dich statt des Versuchs, Möglichkeiten für dich selbst zu erschaffen, dem Ziel, Möglichkeiten für andere zu erschaffen.

Experiment: Dieses Experiment ist für Possibility-Manager gedacht, die es wirklich ernst meinen. Es verschafft dir neue Möglichkeiten, indem du neue Möglichkeiten für andere schaffst. Um dieses Experiment durchzuführen, wähle ein Problem, mit dem du jeden Tag zu kämpfen hast und das du wirklich gerne lösen würdest, ohne jedoch eine Möglichkeit dafür zu sehen.

Voraussetzung: Sei dir im Klaren darüber, was du wirklich gerne erreichen möchtest. Verpflichte dich, dieses Ziel zu erreichen, egal was dafür notwendig ist. Dann führe die nächsten drei Schritte durch:

SCHRITT EINS: Frage zwei oder drei andere Leute, ob sie dir etwa eine Stunde lang helfen können. Suche dir dazu sowohl Leute, die einen höheren, als auch solche, die einen niedrigeren sozialen Status innehaben als du. Diese Leute werden dein Möglichkeiten-Team bilden. Diese Leute befinden sich bereits in deiner Nähe. Sie warten darauf, dass du ihnen die Möglichkeit gibst, dir zu helfen. Sie möchten, dass du Erfolg hast. Du machst sie zu Möglichkeitsmachern.

SCHRITT ZWEI: Wenn ihr zusammenkommt, sage dem Team, was du gerne erreichen möchtest. Bitte sie darum, in Bezug darauf Möglichkeit für dich zu kreieren. Sage ihnen, dass du für alles offen bist. Vielleicht haben sie sogar schon klare Vorstellungen für die Erreichung deines Zieles. Schreibe alles auf, was sie sagen.

SCHRITT DREI: Tue das, was sie sagen. Folge ihren Empfehlungen. Dieses Vorgehen wird deine Box neu ordnen, so dass du andere Ergebnisse erreichen kannst, und das wird gewöhnlich eines von zwei Dingen sein: Entweder wird es deiner Box etwas Überflüssiges nehmen, das ein unnötiges Hindernis ist, oder es wird deiner Box etwas hinzufügen, das notwendig ist und bisher gefehlt hat.

Auch wenn es sich unbequem anfühlt, erlaube dir, durch diesen Prozess zu gehen und zu erkennen, dass am Ende eine neue Erfahrung davon stehen wird, was möglich ist. Nachdem ihr gesehen habt, wie es funktioniert, möchten die anderen aus deinem Möglichkeiten-Team vielleicht ebenfalls Möglichkeit für sich selbst erschaffen.

ABENTEUER 45

Entdeckung: Beziehungen sind lebendig, wenn wir uns der Verpflichtung des Anderen verpflichten.

Bedeutung: Eine lebendige Beziehung ist eine Beziehung, die dynamisch ist, die sich ausdehnt und in die Tiefe geht, die sich entwickelt und von Energie durchflutet ist. Eine solche Beziehung nährt uns mit Kontakt, Ideen, Zufriedenheit und Respekt, während wir sie mit Aufmerksamkeit, Kommunikation und Sorgfalt nähren. Zwischen zwei Menschen findet ein gegenseitiger Austausch statt.

Das bedeutet nicht, dass wir uns anpassen, uns klein machen, unser Zentrum weggeben oder unseren persönlichen Raum mit dem einer anderen Person vermischen! Unsere Verpflichtung gegenüber der Verpflichtung des Anderen entsteht aus Würde, Respekt und Freude heraus.

So einfach und so befriedigend das auch klingt – wir tun es fast nie.

Wie können wir erkennen, wozu der Andere verpflichtet ist? Eine solche Entdeckung erfordert eine spezielle Art des Zuhörens, genannt „Zuhören, um Verpflichtung herauszuhören". Meistens gestaltet sich unser Zuhören derart, dass wir auf das hören, wozu *wir selbst* verpflichtet sind. Wir hören das, was wir hören wollen. Wir hören auf Beweise zur Stützung der Geschichten, die unsere Box für ihre Verteidigungsstrategien braucht.

Lernen, dem zuzuhören, wozu *ein Anderer* verpflichtet ist, bedeutet eine neue Fertigkeit, selbst gegenüber den Menschen, die uns am nächsten stehen. Wenn wir uns der Verpflichtung des Anderen verpflichten, bringt es uns beide ins selbe Team (auch wenn wir „Feinde" sind!).

Experiment: Höre während der nächsten Woche allmählich auf die Verpflichtungen eines jeden Menschen, der dir nahe steht. Du kannst mit Sicherheit davon ausgehen, dass du es bis jetzt noch nicht wirklich weißt. Also übe! Versuche!

Lasse deine Forderungen, Annahmen, Erwartungen und Projektionen los. Blicke auf die Handlungen, zu denen dieser

Mensch sich inspiriert fühlt. Höre auf das, was er zwischen den Zeilen sagt. Da Verpflichtung eher physischer Art als intellektueller Art ist, wird die Verpflichtung des Anderen als Eindruck oder Bild in deiner Wahrnehmung auftauchen, so als würde jemand aus einem Nebel heraustreten.

Es kann am Anfang leicht passieren, dass du dich darin täuschst, was du als Verpflichtung bei der anderen Person wahrzunehmen meinst, oder auch, dass du dir über das, was du wahrgenommen hast, nicht sicher bist, also prüfe es nach. Wiederhole, was du sie hast sagen hören oder was du zwischen den Zeilen herausgehört hast. Halte das, was du sagst, einfach und kurz. Dann höre auf zu reden und warte ab. Gib der anderen Person viel Raum, damit sie Klarheit darüber gewinnen kann, was sie wirklich möchte. Eine Person weiß sofort, was an dem, was du sagst, nicht stimmt. Nimm es nicht persönlich, wenn du völlig daneben liegst.

Dein Chef mag ärgerlich über deine Leistung sein, aber was er in Wirklichkeit möchte, ist ein reibungslos arbeitendes Team. Dein Kollege beschwert sich vielleicht über ein Problem, aber was er wirklich möchte, ist mehr Anerkennung und Kommunikation. Dein Partner oder dein Kind haben vielleicht einen Unfall oder werden krank, aber was sie wirklich möchten, ist ein wenig private Zeit mit dir oder etwas körperliche Nähe.

Wenn dir klar wird, worin die Verpflichtung des Anderen besteht, dann unternimm Schritte, dich ebenfalls dazu zu verpflichten. Deine Gesten sollten so sanft und unsichtbar wie möglich sein. Deine Verpflichtung kann viele Formen annehmen, aber sie muss sich immer auch in Handlungen zeigen, nicht nur in Worten. Handeln wir nicht in einer Art und Weise, die mit unserer inneren Verpflichtung übereinstimmt, dann sind wir in Wirklichkeit etwas anderem verpflichtet.

ABENTEUER 46

Entdeckung: Ein Mensch, der im Besitz von Möglichkeiten ist, kann die Welt neu erfinden.

Bedeutung: Ja. Wir sprechen mit dir. Ein Neubeginn oder das Erzielen revolutionärer Ergebnisse kann nicht auf jemand anderen irgendwo in Raum und Zeit abgeschoben werden. Die Revolution kann mit dir beginnen, genau hier, genau jetzt, mit den Ressourcen und Kontakten, die dir bereits zur Verfügung stehen.

Wir sind nicht auf die Dringlichkeit und die Größe der Beiträge vorbereitet worden, die wir in der Lage sind zu leisten. Betrachte dir die Menschheitsgeschichte. Um die Welt neu zu erfinden, braucht es keine Armee von Ingenieuren oder Säcke voll Geld. Einzelpersonen bewirken das Entscheidende. Unsere Spielwelt ist folgendermaßen beschaffen: Deinem Beitrag zur Verbesserung dieser Welt sind keine Grenzen gesetzt.

Vielleicht sind wir von unserer Umwelt so lange abgelehnt worden, bis wir schließlich selbst die Tendenz übernommen haben, uns abzulehnen. Vielleicht haben wir die Gewohnheit entwickelt, uns automatisch Autoritäten oder Traditionen unterzuordnen. Wir verstecken uns in Anonymität wie kleine Fische in einem großen Schwarm. Derartige Gewohnheiten oder Tendenzen mögen unsere Fähigkeit, Resultate zu erzielen, erfolgreich verringern, aber sie stellen nicht unsere tatsächliche Begrenzung dar im Hinblick auf das, was wirklich möglich ist.

Wenn wir unsere Fähigkeiten im gegebenen Moment nicht vollständig einbringen, werden sie nicht anerkannt. Schade für das Rennpferd, wenn es niemals alles geben darf. Es überrascht uns vielleicht zu hören, dass wir unseren Förderern keine Ehre durch Zurückhaltung erweisen.

Wenn du dieses Abenteuer liest, ist es fürs Verstecken und Sich-Enthalten zu spät. Dir bleibt kaum genug Zeit, das zu vollenden, was dir zur Vollendung anvertraut worden ist.

Der Kernbestandteil dieser Entdeckung ist die Unbegrenztheit deiner Möglichkeiten. Möglichkeiten sind das universelle Lösungsmittel. Möglichkeiten können jedes Hindernis oder jeden Widerstand durchdringen, denn das liegt in ihrer Natur.

Möglichkeiten entstehen durch Klarheit. Wir haben so lange keine Möglichkeiten, bis wir deutlich erkennen, was möglich ist. Wenn wir erst einmal über Möglichkeiten verfügen, steht außer unserer Ausdauer nichts mehr zwischen uns und der Umsetzung. Manchmal hat ein Possibility-Manager nur eine Wahlmöglichkeit: es einfach immer weiter zu versuchen, immer wieder und auf jede erdenkliche Art und Weise. Es kommt nicht einmal darauf an, wie alt du bist, wenn du Zugang zu Möglichkeiten bekommst. Galileo hat mit fünfzig sein erstes Buch geschrieben!

Experiment: Tue diese Woche jeden Tag etwas, um die Welt schöner zu machen. Überrasche dich selbst. (Das könnte bedeuten, dass du handelst, bevor du dir überlegt hast, was es dir persönlich bringen wird). Hör auf, auf die perfekten Bedingungen zu warten. Warte nicht auf eine Erlaubnis oder ein Vorbild. Denke nicht darüber nach, ob deine Tat vernünftig ist oder nicht, ob sie Erfolg haben wird oder nicht; nicht einmal, ob sie machbar ist oder nicht. Tritt einfach in Aktion. Handle ohne zu zögern. Deine revolutionäre Handlung könnte einfach darin bestehen, Abfall aufzuheben, den du selbst nicht fallengelassen hast. Probiere am nächsten Tag etwas anderes aus.

Die Neuerfindung der Welt hat nichts mit Politik oder Gesetzen zu tun. Es geht nicht darum, als Missionar für irgendeine Sache oder Ideologie aufzutreten oder die Welt zu retten. Es ist lediglich eine revolutionäre Handlung mit der Absicht, die Dinge zu verbessern. Hier sind deine Anweisungen: Wenn du nicht die Möglichkeit siehst, deine ganze Vision umzusetzen, dann erschaffe den Teil der Vision, den du für machbar hältst, und beurteile dann die Lage neu.

ABENTEUER 47

Entdeckung: Die gesamte Psychologie ist eine virtuelle Realität.

Bedeutung: Eine virtuelle Realität ist nichts weiter als eine Reihe von Phänomenen, die wir wahrnehmen und auf die wir reagieren, als seien sie real, die aber in Wirklichkeit eine künstlich erzeugte Illusion sind. Handelt es sich um unsere Psychologie, ist die Illusion nicht nur künstlich erzeugt, sondern künstlich von uns selbst erzeugt.

Der Begriff „Virtuelle Realität“ stammt aus dem Jahr 1985 und bezeichnet in seinem ursprünglichen Sinn eine Computer-Software zur Simulierung eines in sich stimmigen Umfeldes, mit dem wir interagieren bzw. in dem wir „leben“ können. Eine virtuelle Realität muss nicht mit irgendeiner bisher bekannten Realität in Beziehung stehen. Eine virtuelle Realität kann so abenteuerlich sein wie unsere Vorstellungskraft.

Die Grundregel aller Realitäten besagt, dass es keine anderen Realitäten gibt. Jede Realität behauptet: „Dies ist alles, was es gibt“. Da der menschliche Verstand sich leicht in der Annahme „dies ist alles, was es gibt“ verfängt, zieht er logischerweise, aber unbewusst, die Schlussfolgerung, „da dies alles ist, was es gibt, ist das hier real“. Im Possibility-Management nennen wir einen solchen Zustand „Identifikation“. Wenn wir identifiziert sind, dann wenden wir die Formulierung „ich bin meine Box“ an. Betrachten wir den Begriff „Psyche“ als eine andere Bezeichnung für „Box“, dann erfahren wir den angenommenen Zustand als: „Ich bin meine Psyche, und die Art, wie ich es sehe, ist die Art, wie es sich verhält.“

Unsere Psyche als virtuelle Realität zu bezeichnen, kommt der radikalsten Ketzerei gleich, die denkbar ist. Denn die Gleichsetzung von Psyche mit einer nur virtuellen Realität entkräftet zwei psychische Bereiche ganz grundlegend, nämlich den Bereich der persönlichen und den der zwischenmenschlichen Psyche.

Im Bereich der persönlichen Psyche ist der Schock für uns am schwersten. Wenn unsere persönliche Psyche eine virtuelle Realität ist, dann gibt es keine Grundlage mehr dafür, so zu agieren, als wäre irgendein Bestandteil unserer Box real. Vergiss nicht, unsere Box besteht aus grundlegenden Bestandteilen wie Glaubenssätzen, Meinungen, Erwartungen, Annahmen, Schlussfolgerungen, Projektionen, Gründen und so weiter. Die Entdeckung, dass es sich bei unserer Psyche um eine virtuelle Realität handelt, bedeutet, dass all diese Box-Elemente ebenfalls virtuelle Realitäten sind. Sie erscheinen uns real und stabil, sind es aber in Wirklichkeit nicht. Auf einmal lösen sich all unsere Puffer in Luft auf und uns bleibt nur noch die 100%ige Verantwortung für alles, was wir im Hinblick auf unsere Erfahrung denken, fühlen, sagen oder tun. Es wird damit unmöglich, auch nur einen Grund zu erfinden, der stichhaltig genug ist, eine noch so unbedeutende Handlung oder Unterlassung zu rechtfertigen. Alles, was wir tun oder nicht tun, hat unbestreitbar keinerlei Zusammenhang mit irgendeinem Grund und liegt daher vollkommen in unseren Händen. Das sind schlechte Nachrichten für unsere Box.

Nicht ganz so niederschmetternd, aber vielleicht unterhaltsamer (oder schmerzhaft, abhängig davon, ob deine Sicht aus dem Gremlin entspringt oder aus der Ehrfurcht) ist Folgendes: Wenn *unsere* persönliche Psyche eine virtuelle Realität ist, dann ist es *die der Anderen* auch (wer auch immer „die Anderen" sind). Egal, wer uns gegenüber steht und egal, welche Geschichte sie uns über uns, über sich selbst oder über vergangene, gegenwärtige oder zukünftige Umstände erzählen, bei der Geschichte handelt es sich lediglich um ein von ihrem virtuellen Realitätsgenerator erzeugtes Bild, in dem sie ihre eigene Meinung vertreten. Wenn wir unseren eigenen Schöpfungen das Etikett „Realität" nicht zugestehen, dann brauchen wir das bei „ihren" Kreationen auch nicht zu tun. Beide Kreationen werden zu bloßen Spielwelten mit bestimmten Regeln und Ergebnissen. Diese Entdeckung kann ziemlich befreiend sein.

Der Wechsel in der Sichtweise besteht darin, nicht mehr anzunehmen, dass die von der Psyche fabrizierten Bilder – seien es unsere oder die der anderen – richtig, wahr oder real sind, und stattdessen die Bilder als Spielwelten anzusehen, die Eigenschaften besitzen, die nützlich oder nutzlos sind, interessant oder uninteressant, lohnend oder nicht lohnend.

Experiment: Dieses Experiment besteht aus zwei Teilen. Beim ersten Teil geht es um unsere persönliche Psyche, beim zweiten Teil um die der anderen. TEIL ZWEI kann nicht geschehen bevor nicht TEIL EINS vollendet ist.

TEIL EINS: Halte während der nächsten Woche nichts von dem, was du über eine andere Person sagst, denkst oder fühlst oder was innerhalb deiner Umstände passiert, für wahr. Betrachte es stattdessen als eine virtuelle Realität, die deine Box erzeugt hat.

(Warnung: Achte darauf, dass du „Virtuelle Realität" nicht auf die Umstände selbst beziehst. Umstände an sich sind ziemlich real. Wenn du in Hundekot trittst, dann hast du Hundekot an deinem Schuh. Wenn du eine Rechnung nicht bezahlt hast, dann ist die Rechnung nicht bezahlt. Wenn du vor ein fahrendes Auto läufst, dann wirst du überfahren. Dieses Experiment bezieht sich auf das, was die Psyche aus den Umständen fabriziert, nicht auf die Umstände selbst. Die Entdeckung, dass der psychische Eindruck nicht die Umstände sind, gibt uns die Macht, uns direkt mit den Umständen zu befassen.)

TEIL ZWEI: Halte während der nächsten Woche nichts von dem für wahr, was eine andere Person über ihre Umstände sagt, denkt oder fühlt oder auch, was sie sagt, denkt oder fühlt in Bezug auf das, was du oder jemand anders sagt oder tut. Betrachte es stattdessen als eine virtuelle Realität. Erzähle der anderen Person nicht, dass du das gerade machst.

Achte in beiden Teilen auf jede Veränderung im Hinblick auf deine Möglichkeiten, deinen Energielevel, deine Fähigkeit, innovativ zu denken sowie auf deine Fähigkeit, effektiv zu reagieren und nutzbringende Resultate zu erzeugen.

ABENTEUER 48

Entdeckung: Wenn wir unfähig sind, uns zu entscheiden, dann gibt es einen Teil in unserer Box, der sich tot stellt.

Bedeutung: Verwirrtsein und Zögern sind nicht zwingend. In den Zeiten, in denen wir festgefahren oder verwirrt sind, sehen wir keine andere Wahlmöglichkeit, als festgefahren oder verwirrt zu sein. Wir haben keinen blassen Schimmer von dem, was wir tun könnten. Das ist das Wesen der Verwirrung. Mit dieser Entdeckung erhalten wir drei Schlüssel.

SCHLÜSSEL 1: („es gibt einen Teil") Wir haben Teile! Was bedeutet das: „Wir haben Teile"? Es bedeutet, dass, selbst wenn wir uns festgefahren oder verwirrt fühlen, wir wahrscheinlich mehr Möglichkeiten besitzen, als wir erkennen. Ein Teil unserer Box mag blind handeln. Aber unsere Box hat auch andere Teile, die nicht blind sind. Wir sehen in diesem Moment vielleicht keine anderen Wahlmöglichkeiten, weil wir uns zufällig gerade mit dem Teil unserer Box identifizieren, der blind ist. Da unsere Box aber aus mehreren Teilen besteht, könnten wir uns mit einem anderen Teil unserer Box identifizieren, der innerhalb der gleichen Umstände jede Menge Klarheit und Möglichkeiten besitzt. Wie können wir uns mit diesem anderen Teil identifizieren? Wir legen einige Verhaltensweisen an den Tag, die diesem anderen Teil zu eigen sind. Zum Beispiel mag der Teil, der Klarheit und Möglichkeit besitzt, vielleicht gerne tanzen oder turnen, reiten oder Fahrrad fahren. Oder dieser Teil ist in der Lage, andere in Bezug auf die festgefahrenen Situationen oder durch Singen, Reden halten oder das Spielen von Improvisationstheater oder einer Stegreifkomödie helfend zu begleiten. Um die Identität zu wechseln, verändern wir unsere Verhaltensweise. Ohne Grund und auch wenn wir uns nicht danach fühlen, machen wir etwas völlig anderes, nämlich das, was dem stärkeren Teil entspringt. Wir handeln so, als hätten wir Klarheit und unbegrenzte Möglichkeiten, und genau das lässt den klaren Teil unserer Box zum Leben erwachen.

SCHLÜSSEL 2: („stellt sich tot“) Ein Teil unserer Box stellt sich tot. Er ist nicht wirklich tot. Er stellt sich tot. Wenn sich ein Teil tot stellt, dann stellt er sich aus einem bestimmten Grund tot. Wie schwach oder erfolglos das oberflächlich auch immer aussehen mag, das daraus resultierende Totsein ist das Ergebnis, das die Box absichtlich erschaffen hat. Die Absicht der Box ist erfüllt. Zu einem bestimmten Zeitpunkt haben wir die Entscheidung getroffen, uns selbst zu schwächen, weil uns das als die beste Möglichkeit erschien. Nun ist vielleicht der Zeitpunkt gekommen, die Situation noch einmal zu überdenken. Wir agieren möglicherweise aufgrund einer veralteten Entscheidung auf der Grundlage von Umständen, die heute nicht mehr gelten. Um eine neue Entscheidung zu treffen, müssen wir nur zu dem Punkt zurückgehen, wo wir die alte Entscheidung getroffen haben, und dann eine neue Entscheidung treffen. Wie gelangen wir an den Punkt, wo wir die alte Entscheidung getroffen haben? Das wird uns der letzte Schlüssel verraten:

SCHLÜSSEL 3: („können keine Entscheidung treffen“) Wende die Technik aus dem Possibility-Management an: Das Problem ist die Lösung. Und das liefert uns unser Experiment!

Experiment: Die Entscheidung, einen Teil unserer Box sich tot stellen zu lassen, auch wenn sie allgemein üblich ist, ist eine aussichtslose Entscheidung, die aus einer verzweifelten Lage heraus getroffen wurde. Um solch eine Entscheidung zu treffen, müssen wir einen sehr guten Grund gehabt haben. Wenn wir wollen, kann uns die Erfahrung der Verwirrung oder des Zögerns direkt zu diesem Grund führen. Die Erfahrung stellt die Verbindung her. Alles was wir zu tun haben ist, uns dorthin führen zu lassen.

Nimm dir, um dieses Experiment durchzuführen, etwa zwanzig Minuten Zeit, in der du nicht gestört wirst. Mache es dir bequem. Nimm dir ein Blatt Papier und einen Stift. Schließe deine Augen. Atme tief durch und entspanne dich. Sage zu dir selbst: „Ich vertraue meiner Verwirrung." Dann denke über eine Entscheidung nach, die du nicht in der Lage warst, zu treffen. Sofort wird Verwirrung aufkommen. Sage wiederum zu dir selbst: „Ich vertraue meiner Verwirrung" und lasse die Empfindung immer größer werden, immer intensiver. Gib jeder Zelle deines Körpers die Erlaubnis, die Verwirrung zu spüren. Plötzlich wirst du in der Lage sein, Gefühle aufzudecken, und zwar Wut, Angst, Traurigkeit oder Schadenfreude. Zwei davon werden miteinander vermischt sein, aber eines wird immer gewichtiger sein. Sage zu dir selbst: „Ich fühle mich (und dann benennst du das größte der Gefühle), weil ...", und dann sage das erste, was dir in den Sinn kommt, auch wenn es überhaupt keinen Sinn ergibt und auch wenn es nicht schön ist. Es könnte das Bild einer Situation oder eines Vorfalls vor deinem inneren Auge auftauchen. Es könnte sich so anfühlen, als ob du dir das gerade ausdenkst. Vertraue dem Bild. Dann sage zu dir selbst: „Ich habe mich damals entschlossen, in Verwirrung zu handeln, um ..." und benenne den Grund. Der Grund kann alles Mögliche sein: um unsichtbar zu sein, um dich zu rächen, um dein Leben zu retten, um zu sabotieren. Es spielt keine Rolle, was für ein Grund es ist, solange du Klarheit darüber hast. Dann sage: „Die Umstände haben sich geändert, deshalb hat der Grund, verwirrt zu sein, keine Gültigkeit mehr. Ich ändere meine Meinung. Ich treffe eine neue Entscheidung. Die neue Entscheidung lautet: Es ist okay, groß, lebendig und klar zu sein." (Gebrauche hier deine eigenen Worte.) Bleibe einen Moment lang sitzen und lasse geschehen, wie die neue Entscheidung deinen Verstand neu ordnet. Schreibe dann die alte Entscheidung, den Grund und die neue Entscheidung auf. (Für letztere ist kein Grund erforderlich!) Verwende die neue Entscheidung als Richtlinie für dein Verhalten. Du musst niemandem erzählen, was du getan hast. Handle einfach in Übereinstimmung mit deiner neuen Entscheidung.

ABENTEUER 49

Entdeckung: Gründe sind nur ein Versuch, vernünftig und normal zu wirken.

Bedeutung: Warum trägt der typische Geschäftsmann Anzug und Krawatte statt eines Tarzan-Lendenschurzes? Warum kleiden sich Frauen in der neuesten Mode, statt einfach das anzuziehen, was sie im Schrank haben? Warum rasieren sich Männer und warum tragen Frauen Schminke oder frisieren sich die Haare? Warum sind sich unsere Häuser und Wohnungen so ähnlich? Diese Fragen zielen auf etwas ab, das so tief in uns verwurzelt ist, dass diese Fragen lächerlich erscheinen.

Wenn du in einer römischen Toga zur Arbeit gehen und dabei eine große Karotte mit dir herumtragen würdest, würden die Leute wissen wollen, warum du das tust. Wenn du ihnen einen plausiblen Grund nennen könntest, würden sie sich so verhalten, als ob sie diesen Grund akzeptierten. Was aber würde geschehen, wenn du ihnen keinen Grund nennen könntest und weiterhin deine Toga bei der Arbeit tragen würdest, oder wenn du als Mann fortwährend Frauenkleidung tragen würdest? Du würdest schon ziemlich bald ernsthafte Ablehnung erfahren.

Wir sind menschliche Wesen. Wir leben und arbeiten in Gruppen. Die schlimmste Drohung oder die höchste Strafe, mit der man uns belegen könnte, ist, geschnitten zu werden, die Verbannung aus der Gruppe, der Ausschluss. Wir haben gelernt, akzeptabel auszusehen, um nicht in unser Zimmer geschickt und allein gelassen zu werden. Was uns aber vor allem akzeptabel wirken lässt, sind vernünftige Gründe.

Uns ist gar nicht klar, wie schwerwiegend wir durch das Bedürfnis verformt sind, im Einklang mit akzeptablen Gründen zu handeln, um nicht zurückgewiesen zu werden. Aber das ist nur die eine Seite der Medaille. Die andere Seite ist, dass wir an unsere eigenen Begründungen glauben! Wir sind so ernsthaft dahingehend konditioniert, uns gemäß akzeptablen Gründen zu verhalten, dass wir denken, Verhaltensweisen und Gründe seien miteinander verknüpft. Wenn wir keinen akzeptablen Grund liefern können, handeln wir nicht. Wir betreiben einen derart großen Aufwand im Erfinden von Gründen, dass wir denken, unsere Gründe seien wahr!

Wir denken, dass unsere Gründe für die Wahl einer bestimmten oder aber keiner Karriere, für oder gegen die Ehe, sogar unsere Gründe, morgens aufzustehen, wichtig und stichhaltig sind, ja sogar, dass sie etwas *bedeuten*. Warum sonst würden wir auf sie hören? Wir denken tatsächlich, dass wir unsere Entscheidungen aufgrund der von uns angeführten Gründe treffen.

Wir lassen uns Begründungen für unsere Handlungen einfallen, damit andere uns nicht für verrückt erklären. Verrückte sind eine Bedrohung. Verrückte werden als gefährlich angesehen und in Einzelhaft genommen. Durch unsere Begründungen versuchen wir, uns gegenseitig davon zu überzeugen, dass wir nicht gefährlich sind.

EXPERIMENT Nr. 1: Wie können wir unsere Verhaltensweisen verändern, ohne uns darum zu sorgen, für gefährlich oder verrückt gehalten zu werden? Stelle eine Liste über 20 Dinge auf, die du tun würdest, wenn du dein Verhalten nicht begründen müsstest und dich nicht darum bemühen müsstest, akzeptiert und ungefährlich zu wirken. Versuche, deine Liste *überhaupt nicht* zu bearbeiten.

EXPERIMENT Nr. 2: Nimm dir drei Jahre Zeit für dieses Experiment. Wahrscheinlich brauchst du nicht tatsächlich drei Jahre, gib dir im Geiste aber trotzdem die gesamte Zeit. Lege dich mit dem Rücken auf den Boden. Liege einfach da und bewege von diesem Moment an für den Rest deines Lebens keinen einzigen Muskel mehr, es sei denn, du übernimmst die volle Verantwortung für deine Entscheidung, dich zu bewegen.

Wenn du dich aus einem *Grund* bewegst, ist der Grund für diese Handlung verantwortlich und nicht du. Bewege dich erst dann, wenn du keinen Grund dafür anführen musst. Du bist die Quelle der Handlung. Atme nicht, bewege deine Augen nicht, richte deine Aufmerksamkeit auf nichts, denke keinen Gedanken und sprich kein Wort, ohne dass die Handlung unwiderlegbar und zu 100 Prozent *deine* Wahl war. Erkenne durch sorgfältige Selbstbeobachtung, dass zuerst die Handlung da ist und der Grund ihr folgt, ja sogar, dass Handlung und Begründung tatsächlich in keinerlei Verbindung miteinander stehen.

Vielleicht liegst du drei Minuten, drei Stunden oder drei volle Jahre da, bevor dir das wirklich klar wird. Aber solange du dieses Experiment nicht durchführst und für deine Handlungen auf der grundlegendsten, noch vor allen Gründen existierenden Ebene Verantwortung übernimmst, wird dein Leben weiterhin nur daraus bestehen, normal und vernünftig auszusehen.

ABENTEUER 50

Entdeckung: Wenn wir keine Angst verspüren, sind wir nicht schöpferisch.

Bedeutung: Wir unterscheiden zwischen vier Gefühlskategorien: Wut, Trauer, Freude und Angst. Es ist die vierte Kategorie, welche in der heutigen modernen Kultur am wenigsten verstanden und am meisten vernachlässigt wird. Unsere typische Haltung gegenüber Angst ist: „keine Angst". Wir sind darauf trainiert, Angst als schlecht, gefährlich, falsch anzusehen und als etwas, das es unter allen Umständen zu vermeiden gilt. Wir vermeiden Angst, selbst wenn wir dadurch alle unsere Gefühle unterdrücken müssen. Wir vermeiden Angst, selbst wenn wir uns dadurch betäuben müssen. Das bedeutet aber nicht, dass die Angst nicht in unserem Körper ist – es bedeutet nur, dass wir sie nicht fühlen. Das ist ein sehr hoher Preis, den wir bezahlen!

Dieses Abenteuer beginnt mit der Einladung an dich, deinen Verstand in Bezug auf Angst neu zu verkabeln. (Niemand kann diese Neuverkabelung für dich übernehmen – das musst du schon selbst machen. Alles, was du für diese Aufgabe brauchst, ist Aufmerksamkeit und Klarheit.) Die ursprüngliche Verkabelung des Verstandes bringt Angst mit Lebensgefahr in Verbindung. Ohne eine Veränderung dieser alten Verkabelung erlangen wir niemals freien Zugang zu der Energie, die in der Angst liegt. Die Erfahrung von Angst ist für uns immer gleichbedeutend mit Tod und Sterben. Der geplante neue Entwurf verändert die Verkabelung derart, dass Angst für uns weder gut noch schlecht ist und weder abstoßend noch attraktiv. Die beabsichtigte Veränderung stellt stattdessen folgende einfache mentale Verbindung her: Angst ist Angst. Du kannst gleich loslegen und diese neue Verkabelung jetzt vornehmen.

Was verändert sich mit dieser Neuverkabelung für uns? Normalerweise leben wir im Zentrum unserer Box, wo die Bedingungen für uns am bequemsten und sichersten sind. Je näher wir an den Rand unserer Box gelangen, desto größer wird die Intensität unserer Angst. Worum geht es bei der Angst? Wir wissen es nicht. Wenn wir an die Grenzen unserer Box stoßen, verteidigt sich die Box gegen das Unbekannte. Unsere Angst kann dabei verschiedene Panikebenen erreichen, während unsere Box versucht, uns auf dem Weg in diese Richtung zu stoppen.

Kannst du dich noch daran erinnern, wie du nachts als Kind im Bett gelegen hast? Manche von uns hatten Angst, ihre Hand oder ihren Fuß über die Kante des Bettes herunter hängen zu lassen, weil wir nicht mit Sicherheit wussten, was sich da unten befindet. Unter dem Bett ist das Unbekannte. Das Unbekannte ist groß, groß genug, um dicke, fette, schwarze Ratten mit sehr scharfen Zähnen zu beherbergen; oder einen schwarzen Mann mit kalten, nassen, gummiartigen Händen, welche uns jeden Moment ergreifen und herunterziehen können. Wir wissen es nicht, deshalb haben wir Angst. Angst ist verkabelt mit dem Bösen, daher benutzen wir unsere Vorstellungskraft, um uns die schlimmsten Dinge auszumalen. Wenn wir unseren Verstand neu verkabeln, so dass Angst nicht mehr schlecht ist, sondern einfach Angst, dann können wir aufhören, uns schlimme Dinge vorzustellen und einfach die Angst fühlen. Wenn es für uns stimmig ist, Angst zu fühlen, können wir das Unbekannte betreten. Wir erlangen buchstäblich die neue

Fähigkeit, unsere Hand über den Rand des Bettes heraushängen zu lassen.

Innerhalb der Grenzen unserer Box können wir nur das tun, was wir immer getan haben. Wenn wir innerhalb der durch unsere Box festgelegten Grenzen schöpferisch sind, erschaffen wir nur aus dem heraus, was bereits existiert. Das ist eine sehr beschränkte Art des Kreierens; es reicht nicht, um effektiv auf eine lebendige, sich ständig verändernde Welt zu reagieren. Wir brauchen eine unbegrenzte Form des Kreierens – die Fähigkeit, in jeder Richtung agieren zu können; die Fähigkeit, das, was gewollt und gebraucht wird, zur Verfügung zu stellen, egal, ob wir wissen, was das ist oder nicht. Grenzenloses Kreieren kann nur geschehen, wenn wir aus dem heraus schöpferisch sind, wovon wir nichts wissen – aus dem Ungewissen, welches jenseits der Beschränkungen unserer Box liegt und wo wir, wenn wir dorthin gehen, Angst erfahren müssen.

Experiment: Aus dem Blickwinkel der Verantwortlichkeit gesehen ist Angst eine Art von Energie – eine der vier Geschmacksrichtungen von Energie, die uns in unserem menschlichen Körper zur Verfügung stehen. Was können wir mit der Energie der Angst erschaffen? Hier sind einige Beispiele: Wir können aufmerksam sein, wachsam sein, auf Dinge aufpassen, vorausschauend nach vorne blicken, Pläne machen, Vorsichtsmaßnahmen treffen, uns um Dinge kümmern, Details beachten und so weiter.

Gefühle können sich in verschiedenen Intensitäten zeigen, und zwar irgendwo zwischen null und hundert Prozent. Gefühle können nützlich sein, auch wenn wir sie nicht mit hundertprozentiger Intensität erfahren. Das verhält sich so wie mit dem Gaspedal eines Autos – wir fahren nicht immer mit Vollgas und kommen trotzdem dahin, wo wir hin wollen.

Das Experiment ist folgendes: Setze dich zu Hause oder im Büro an deinen Schreibtisch und lasse ohne Grund Angst in dir hochsteigen. Lasse die Angst 10 bis 20 Prozent intensiv werden – höre einfach auf, deine Angst zu blockieren, und du wirst sie fühlen. Lasse deine Angst durch deine neue Verkabelung laufen, bei der „Angst Angst ist“, und benutze dann die Angst als Energie für die nächste Handlung, die ansteht, was auch immer es sein mag. Diese könnte beispielsweise darin bestehen, deine Mutter anzurufen, zum Zahnarzt zu gehen, deine unterste Schublade zu öffnen oder einen Blick in deinen Terminkalender zu werfen, irgendetwas vollkommen Unerwartetes und doch völlig Angemessenes. Zwei Dinge kannst du bei der täglichen Durchführung dieses Experimentes entdecken: Erstens besitzt verantwortliche Angst eine Weisheit, der du vertrauen kannst und zweitens birgt das Ungewisse nutzbringende Möglichkeiten.

ABENTEUER 51

Entdeckung: Unser Verstand steht im Dienst unserer Box.

Bedeutung: Ist dir jemals ein Denkverhalten bei dir oder bei anderen aufgefallen, das ein bestimmtes körperliches Empfinden hervorruft? Wenn wir in bestimmten Worten und Sätzen denken, und wenn wir bestimmte Bilder vor unserem inneren Auge visualisieren, dann reagiert unser Körper darauf. Diese Reaktion löst einen bestimmen Tonfall unserer Stimme oder einen Gesichtsausdruck aus. Tag für Tag, Woche für Woche wiederholen wir die gleiche Art von Konflikten, die gleiche Einstellung oder Stimmung in unserer Lebensszenerie. Hast du dich jemals gefragt, was dich wirklich davon abhält, komplett anders, ja abenteuerlich zu denken?

(Merke: Unsere Box sendet zwischen den einzelnen Szenen einen automatischen Löschbefehl an den Verstand, so dass wir uns an unsere Wiederholungsmuster nicht erinnern können. Falls du je auch nur einen kurzen Blick auf diese Mechanik werfen konntest – herzlichen Glückwunsch! Dann bist du in deiner Selbstbeobachtung schon ziemlich gut!)

Für den Fall, dass wir wirklich einmal ein wiederkehrendes Muster an uns entdecken, hat unsere Box folgende Erklärung parat: „Siehst du! Ich hab's dir doch gleich gesagt! Das ist die Wirklichkeit! Die Welt ist in der Tat genau so! Die Tatsache, dass es schon wieder passiert ist, beweist es!"

Ein Possibility-Manager aber denkt: „Oh! Meine Box erschafft schon wieder die gleiche Wirklichkeit für mich? Interessant. Was ist der Grund, sie schon wieder auf die gleiche Art zu erschaffen?"

Es ist äußerst schwierig, der Propaganda unseres eigenen Verstandes zu entgehen. Warum? Sobald unser Verstand ein Bild hat, welches er einen Beweis nennen kann, schüttet er Hormone und andere chemische Substanzen in unsere Blutbahn und unser Nervensystem, um einen bestimmten körperlichen Zustand zu erzeugen. Dieser „Zustand" kann dann vom Verstand dazu verwendet werden, um die Einstellung unserer Box weiterhin zu bestätigen.

Unsere verschiedenen Empfindungen von Zurückweisung, Betrug, Missbrauch, Gewinn, Verlust, Verwirrung, Hysterie, Depression, Wut, Trauer, Hoffnungslosigkeit, Überlegenheit, Machtlosigkeit, Einsamkeit, Unzulänglichkeit, Unsicherheit und jede anderen Form von Opfer-Dasein resultieren alle unmittelbar aus dem Drehbuch, das unsere Box für uns geschrieben hat. Unterstützt wird dieses Drehbuch durch die Beweise des Verstandes und die körpereigene Chemiefabrik.

Der Zustand, in dem wir uns befinden, bestimmt in den meisten Fällen, was für uns möglich ist. Wenn wir die Ergebnisse für uns und andere verändern wollen, müssen wir in der Lage sein, unseren Zustand zu verändern. Im Training für Possibility-Manager passiert genau das. Neue Landkarten schaffen neue Neigungen und Vorlieben, unter anderem die Möglichkeit, unseren Zustand zu verändern. Die Veränderung der Neigungen und Vorlieben geschieht nicht durch Zwang, sondern durch Klarheit.

Experiment: Du weißt, dass du nicht vom Boden abheben kannst, indem du dich an deinen eigenen Ohren hochziehst. Du hast keinen äußeren Hebelpunkt. Aus dem selben Grund kann dein Verstand deine Box nicht austricksen. Es ist fast unmöglich, deinen Zustand allein zu verändern. Zum Glück stehen dir drei Techniken für Possibility-Manager zur Verfügung. Das nächste Mal, wenn du einen „Zustand" ansteuerst, benutze eine der folgenden Techniken:

Schalte die Maschine in den Leerlauf. Dies ist die effektivste Technik, allerdings auch die abwegigste. In dem Moment, in dem der Verstand anfängt, einen Zustand zu erschaffen, trittst du die Kupplung, als ob du die Verbindung vom Motor zu den Rädern trennst, und nimmst dann den Gang raus. Aus dem Leerlauf heraus kannst du den Verstandes-Motor beobachten. Er mag so schnell sein wie er will, doch da er nun nicht mehr in Verbindung zu den Rädern steht, kann der Verstand kein Adrenalin mehr in deine Blutbahn pumpen, um eine körperliche Reaktion auszulösen.

Hilf' jemand anderem. Lass' alles liegen und schaffe eine Möglichkeit für jemand anderen. Dabei wirst du schöpferisch. Kreativität ist ein eigener Zustand. Wann immer du bewusst schöpferisch bist, wandert deine Box auf den Rücksitz, und die Prinzipien deiner Bestimmung übernehmen das Steuer. Indem du Möglichkeiten für jemand anderen erschaffst, gehst du vom Spiel „Dienst an der Box" über zum Spiel „Dienst an etwas, das größer ist als die Box".

Schließe ein „Piraten-Abkommen". In einem Piraten-Abkommen bittest du eine Person um das Versprechen, jedes notwendige Mittel zu ergreifen, alle Regeln zu brechen, jeden Grund zu verwerfen und jedwede Etikette von Höflichkeit oder Fairness zu missachten, um jede begrenzende Realität, die deine Box geschaffen hat, zu stören oder zunichte zu machen. Die Absicht des Piraten besteht darin, dein wahres Potenzial freizusetzen. Dies ist eine raue Technik – aber sie funktioniert.

ABENTEUER 52

Entdeckung: Liebe kommt nicht von jemand anderem.

Bedeutung: „Woher kommt Liebe?"

Es ist interessant, diese Frage zu stellen. Wahrscheinlich ist dieses Thema in der Literatur, in Lied und Poesie so umfassend erforscht worden wie kein anderes . Worin könnte der mögliche Nutzen bestehen, das Thema „Liebe" in einer so knapp gefassten Form wie einem Denk-ABENTEUER zu behandeln?

Ein Possibility-Manager möchte wissen, wie er im Reich der Liebe sinnvoll agieren kann. Vielleicht überrascht es dich zu erfahren, dass Possibility-Management genau deshalb so effektiv ist, weil es auf Liebe basiert. Du kannst erst dann effektiv Möglichkeiten für jemanden schaffen, wenn du zuvor einen Weg findest, ihn oder sie zu lieben. Also, woher kommt Liebe?

Wenn wir denken, Liebe käme von einem anderen Menschen, sollten wir uns anschauen, wie wir für gewöhnlich unser Leben leben. Wir verbringen vielleicht Stunden, Tage und Wochen, in denen es uns an Liebe mangelt. Vielleicht schließen wir daraus, dass Liebe Mangelware ist, dass es nicht genug Liebe gibt und dass wir nach Liebe suchen müssen. Wenn wir verliebt sein wollen, müssen wir versuchen, die Liebe zu finden.

Wie wissen wir, wann wir die Liebe gefunden haben? Wir suchen vielleicht erst nach Anhaltspunkten für Liebe. Wir denken: „Wenn mich dieser Mensch lieben würde, würde er sicherlich hin und wieder den Mülleimer ausleeren.“ Oder: „Wenn dieser Mensch mich lieben würde, würde er mir bestimmt tief in die Augen schauen und meine Hand halten wollen anstatt sich in unserer gemeinsamen Zeit über jemand anderen zu beschweren.“ Wenn wir die Beweise nicht finden, nach denen wir suchen, schließen wir daraus, dass keine Liebe da ist. Dann sind wir mangels der nötigen Beweise „lieb-lose“ Opfer.

Die andere Art und Weise, wie wir die Existenz von Liebe zu beweisen versuchen, läuft über unsere Empfindungen. Wir denken: „Wenn das Liebe ist, wird mir das Herz überquellen. Mein ganzer Körper wird sich warm und prickelnd anfühlen. Probleme werden nicht wie Probleme aussehen, und ich werde immer bei dem Anderen sein wollen.“ Wenn wir die erwarteten Empfindungen nicht verspüren, schließen wir daraus, dass es keine Liebe ist. Ohne diese Empfindungen sind wir also auch wieder Opfer.

Die typische Beziehung, die wir zur Liebe haben, sieht so aus: Wir suchen nach Beweisen oder Empfindungen, und wenn wir nichts von beidem finden, nehmen wir an, dass keine Liebe vorhanden ist. Wir schauen uns anderswo danach um. Du weißt, wovon ich spreche.

Im Laufe der Experimente, die du mit den ABENTEUERN schon gemacht hast, ist dir vielleicht klar geworden, dass die Hinweise, Anhaltspunkte und Beweise, die wir wahrnehmen, und die Qualität unserer Empfindungen und Erfahrungen von unserer Box bestimmt und festgelegt werden. Wir können den

Einfluss der Box auf unsere Sinne nicht länger verleugnen, so schockierend das auch sein mag (obwohl es die Box ganz leicht so einfädeln kann, dass wir das zeitweise vergessen).

Also, welche andersartige Beziehung zur Liebe könnte für uns möglich sein? Statt einer Opferbeziehung könnten wir eine verantwortliche Beziehung zur Liebe aufbauen. Wie können wir das tun? Durch Experimentieren!

Experiment: Jetzt folgen fünf Experimente des Possibility-Managements, mit deren Hilfe wir beginnen können, Verantwortung für Liebe zu übernehmen. Sie erfordern vielleicht etwas Übung, aber die Mühe lohnt sich.

1. Handle so, als ob Liebe ein bindendes Engagement oder eine Verpflichtung wäre. Wir sind in der Lage, unsere Verpflichtungen einzuhalten. Solange wir sie einhalten, ist Liebe gegenwärtig. Zu sagen „Ich liebe dich" bedeutet dann „Ich bin dir verpflichtet. Ich engagiere mich für dein Wohlergehen. Ich engagiere mich für das, was für dich wichtig ist. Ich binde mich an das, wofür du dich verpflichtet hast." Um herauszufinden, wofür sich eine andere Person verpflichtet hat und wofür sie sich engagiert, ist es erforderlich, ein Gehör für die Wahrnehmung von Verpflichtung zu entwickeln. Du kannst dieses Gehör dadurch entwickeln, indem du damit experimentierst, zu wiederholen, welche Verpflichtung du bei deinem Gegenüber herausgehört hast. Dann bitte sie um ihr Feedback. Auf diese Weise wirst du ziemlich schnell lernen.

2. Handle so, als wäre Liebe das einzig Existierende. Schau dich um. Warum sonst würden Menschen ihre Wände frisch streichen oder ihre Nahrung zubereiten? Warum sonst würden Menschen in Geschäften und Werkstätten arbeiten, sich die Haare kämmen, Stühle, Kirchen und Straßen bauen und Kunst herstellen? Warum sonst wäre es Menschen wichtig, Dinge in Ordnung zu bringen und zu reparieren? Warum sonst würden Menschen kommunizieren? Vielleicht blendet uns unsere typische Sichtweise, dass Liebe Mangelware ist, für die offensichtliche Tatsache, dass nur Liebe existiert.

3. Handle so, als ob Liebe ein Prinzip wäre. Dann kannst du als Possibility-Manager dem Prinzip „Liebe" dienen. Liebe kann in jeder deiner Interaktionen durch dich existieren, weil du der

Raum bist, durch den das Prinzip Liebe seine Arbeit in der Welt tun kann.

4. Handle so, als ob Liebe deswegen existiert, weil du den Kontext für Liebe erschaffst. Das bedeutet, dass du, wohin du auch gehst, nicht mehr nach Liebe suchen musst. Liebe ist präsent, weil du präsent bist. Ein Possibility-Manager findet Beweise für Liebe und empfindet Liebe, weil er die Beweise und Empfindungen mit Absicht hervorbringt.

5. Es gibt zwei Formen von Liebe: passive und aktive. Passive Liebe bedeutet, etwas so zu akzeptieren, wie es im Moment ist. (Beachte: Es besteht ein großer Unterschied zwischen *tolerieren* was ist, und *akzeptieren* was ist.) Akzeptanz bedeutet, weder zu kritisieren noch zu beurteilen noch zu erwarten, dass die andere Person oder die Situation irgendwie anders sein sollte, als sie jetzt gerade ist. Zu akzeptieren bedeutet, nicht darüber zu phantasieren, dass die Dinge besser sein könnten, wenn sie nur anders wären. Sollte sich ein Possibility-Manager dazu entschließen, die zweite Form von Liebe – die aktive Liebe – auszudrücken, dann gibt ihm die Akzeptanz den direkten Zugang zu den Kernbestandteilen von Wirklicheit. Bei aktiver Liebe geht es darum, das zu erschaffen, was dir wirklich etwas bedeutet. Viele Menschen vergleichen das Erschaffen dessen, was ihnen wirklich wichtig ist, mit dem Zustand der Verliebtheit. Wer entscheidet, was dir wirklich etwas bedeutet? Könnte dir das, was du gerade tust, wirklich etwas bedeuten?

ABENTEUER Gesamtverzeichnis

1. Wir haben eine Box.
2. Wir sind nicht unsere Box.
3. Jedes zwischenmenschliche Problem wird durch die Erwartung verursacht, dass der Andere immer anders sein sollte als seine Box.
4. Alles, was passiert, ist neutral.
5. Wir sind sind *immer* schöpferisch.
6. So etwas wie ein *Problem* gibt es nicht.
7. Unsere Aufmerksamkeit ist unsere einzige Hilfsquelle.
8. Wir erschaffen die Wirklichkeit mit Hilfe von „Ist"-Kleber.
9. Mitteilungen sind ist die Manifestation von Absicht.
10. Zwischen der äußeren und der inneren Welt existiert ein Spalt.
11. Verantwortlichkeitung ist der Weg für zu Veränderung.
12. Niederes Drama ist nicht Leben.
13. Nur wenn du zentriert bist, kannst du auf verantwortliche Art auswählen, deklarieren, fragen und führen.
14. Wir können Zugang zu neuen Möglichkeiten gewinnen, wenn wir unser JETZT minimieren.
15. Es existieren Lücken zwischen den Momenten.
16. Der Raum bestimmt, was möglich ist.
17. Sucht ist nicht das Problem. Sucht ist die Lösung des Problems.
18. Vertrauen ist eine Entscheidung.
19. Unterscheidungen schaffen Klarheit. Klarheit schafft Möglichkeit.
20. Emotionen sind unvollständige Gefühle.
21. Feedback ist Gold.
22. Wir können andere Menschen verändern, indem wir unsere Geschichten über sie verändern.
23. Wir können verändern, wer wir sind, indem wir die Geschichten andere Leute über uns verändern.
24. Das Wichtigste, das uns jemals passiert ist, passiert uns genau jetzt.
25. Die Box überlebt in einer verbalen Realität. Es gibt andere Realitäten.
26. Alle energetischen Räume sind untereinander verbunden.
27. Das, was uns wirklich etwas bedeutet, ist zufällig auch unsere Bestimmung.

28. Bevor wir Möglichkeiten für andere erschaffen können, müssen wir erst Möglichkeiten für uns selbst erschaffen.
29. Unsere Technologie gibt uns keine Sicherheit.
30. Wir erzeugen unsere Gefühle, damit sie unseren bewussten oder unbewussten Zwecken dienen.
31. Klarheit gewinnen ist eine höhere Technologie als Grenzen setzen.
32. Was wir haben ist das, was wir wollen.
33. Es gibt einen Unterschied zwischen unserem Herzen und unserer Seele.
34. Es gibt einen Unterschied zwischen positivem Feedback und Lob.
35. Gekränkt sein ist immer das Ergebnis von Selbsteingenommenheit.
36. Beziehung ist ein ständiger Akt nichtlinearer Schöpfung.
37. Die beste Art und Weise etwas zu lernen ist, es zu lehren.
38. Alles passiert wortlos.
39. Die abwegigste Opfergeschichte ist die verantwortliche Opfergeschichte.
40. Etwas völlig anderes ist möglich – genau jetzt.
41. Ein Gespräch über das Gespräch erschafft die Möglichkeit der Möglichkeit.
42. Es gibt keinen Feind.
43. Stress ist die uneingestandene Angst, dass etwas, was wir schon einmal erlebt haben, erneut geschehen wird.
44. Neunundneunzig Prozent der Möglichkeiten, die uns in diesem Moment zur Verfügung stehen, sind für uns unsichtbar.
45. Beziehungen sind lebendig, wenn wir uns der Verpflichtung des Anderen verpflichten.
46. Ein Mensch, der im Besitz von Möglichkeiten ist, kann die Welt neu erfinden.
47. Die gesamte Psychologie ist eine virtuelle Realität.
48. Wenn wir unfähig sind uns zu entscheiden, dann gibt es einen Teil in unserer Box, der sich tot stellt.
49. Gründe sind nur ein Versuch, vernünftig und normal zu wirken.
50. Wenn wir keine Angst verspüren, sind wir nicht schöpferisch.
51. Unser Verstand steht im Dienst unserer Box.
52. Liebe kommt nicht von jemand anderem.

Abenteuer Denken

WEITERFÜHRENDE ERKUNDUNGEN

Weitere Informationen über Bücher aus dem Possibility Management, Workshops, Trainingsprogramme, neue Meeting Technologien, oder über die Möglichkeit, Clint Callahan als Gastredner oder persönlichen Coach zu buchen, erhalten Sie unter www.p-m-n.de oder www.clintcallahan.com. Anfragen und Kommentare können Sie gerne an clint@p-m-n.de richten.

Possibility Management ist nicht begrenzt auf bestimmte Bereiche unseres Lebens. Das revolutionäre Wissen aus dem Possibility Management kann privat wie beruflich gleichermaßen angewandt werden.

Unsere Trainings gliedern sich in Business Trainings mit Schwerpunkt Führung, interkulturelles Management, neue Meeting Technologien und Ausbildung zum Possibility Trainer und in Persönlichkeitstrainings mit Schwerpunkt auf persönliche Entwicklung, Bewusste Elternschaft, Bewusste Beziehung, Männerkultur und Frauenkultur.

Wir freuen uns, wenn Sie den Weg des Possibility Managers mit uns gemeinsam gehen.

Danke für Ihr abenteuerliches Denken.

Walter Russell

Das Genie steckt in jedem

Format: 12 x 18 cm
Gebunden • Lesebändchen • 92 Seiten
€ 8,20/sFr 12,90 • ISBN 3-9806106-0-8

In jedem Menschen steckt ein ungeheures Potential, das sich jederzeit entfalten kann, wenn wir es nur anerkennen. Ein Geschenk für alle, die sich gern kleiner machen, als sie sind – und wir alle sind größer, als wir denken!

Glenn Clark

Walter Russell - Vielfalt im Einklang

Die Biographie des berühmten Universalgenies

Format: 12 x 18 cm
Gebunden • Lesebändchen • 112 Seiten
€ 12,80/sFr 20,00 • ISBN 3-9806106-6-7

Nikola Tesla riet ihm, seine revolutionären wissenschaftlichen Erkenntnisse für tausend Jahre wegzuschließen, bis die Menschheit reif genug sei. Mit den bedeutendsten Denkern seiner Zeit stand er in geistigem Austausch. Die Vielfalt und Fülle seiner Leistungen in Naturwissenschaft, Philosophie, Malerei, Bildhauerei, Architektur, Gesellschaftspolitik und auf vielen anderen Gebieten sind beeindruckend. Und so hat er das alles geschafft!

Walter Russell

Das Geheimnis des Lichtes

Format: 18 x 25 cm
Gebunden • Lesebändchen • 264 Seiten • 80 Abb.
€ 25,00/sFr 40,00 • ISBN 3-934719-07-4

Das universale Partnerprinzip:
Im Anfang war die Liebe

Walter Russell, der „Leonardo da Vinci Amerikas“, stellt in seiner klaren Sprache die Grundgesetze dieses Universums vor. Alles Seiende ist eine Manifestationsform des Lichtes. Die schöpferische Kraft unseres Universums beruht auf dem rhythmischen, ausgewogenen Austausch gleichberechtigter, aber entgegensetzter Pole. Das gilt für unser sexuelles, seelisches, gesellschaftliches und geistiges Leben ebenso wie für Sonnen und Galaxien, Atome und Kristalle. Und nur eine Technik, die aus dieser Kraft kommt, kann lebensfördernd sein.

Peter Klein

Kaleidoskop

Das Spiel des Lebens

Format: 13 x 19 cm
Gebunden • Lesebändchen • 198 Seiten
€ 12,80/sFr 19,95 • ISBN 3-934719-15-5

Wir alle kennen Situationen, wo wir uns nicht entscheiden können oder uns die Botschaft des Geschehenssen nicht recht klar wird. Das Kaleidoskop ist ein Losbuch, bei dem wir es nach einfachen Regeln dem Zufall überlassen, welchen Text wir lesen.

Dr. Mansukh Patel - Rita Goswami

Der Tanz zwischen Freude und Schmerz

Format: 18 x 12 cm
broschiert • 288 Seiten
zahlreiche Abbildungen
€ 15,90/sFr 25,00 • ISBN 3-9806106-7-5

Wir alle kennen Gefühle von Wut, Angst, Einsamkeit, Unzulänglichkeit, Hass, Verurteilung, Zurückweisung, Trauer, Schuld und Eifersucht. Wenn wir diese »dunklen« Gefühle annehmen, gewinnen wir die Freiheit, sie mit der Kraft unseres Herzens aufzulösen. In den schlichten Übungen der Body-Heard-Mind-Technik sind östliche und westliche Weisheiten eine geniale Synthese eingegangen.

Dr. Mansukh Patel - Dr. Helena Waters

Krisen sind Tore zur Freiheit

Format: 18 x 12 cm
broschiert • 390 Seiten
zahlreiche Abbildungen
€ 15,90/sFr 25,00 • ISBN 3-9806106-8-3

Die Heilung der Gefühle

Nach dem großen Erfolg von »Der Tanz zwischen Freude und Schmerz« jetzt das Arbeitsbuch für persönliches Wachstum in allen Lebensphasen: »Krisen sind Tore zur Freiheit« Ob Kindheit, Pubertät, Ausbildung, Familiengründung, Krankheit oder Lebensabend – gerade in den aufregenden und schwierigen Zeiten stecke die entscheidenden Chancen zur Weiterentwicklung. Es gibt immer einen Weg!

Genius Verlag

Das Thomasevangelium

Gebunden • 142 Seiten • Leineneinband
€ 12,80/sFr 20,00 • ISBN 3-9806106-1-6
Bereits in der 4 Auflage!

Das Thomasevangelium war von ca. 390 bis 1945 im Wüstensand Ägyptens bei Nag Hammadi verborgen und blieb so unzensiert. Christoph Greiner hat die Worte des Meisters mit großer Unmittelbarkeit und unbeeinflusst von kirchlichen Dogmen in eine klare Sprache gebracht. Seine Übersetzung ist inzwischen das Standardwerk für alle, die den Aussagen des Menschheitslehrers Jesus eigenständig nachspüren wollen.

Dietmar Czycholl (Hg.)

Als ich am gestrigen Tag entschlief...

Erfahrungen Wiederbelebter in der Weltliteratur – eine Anthologie aus drei Jahrtausenden

Gebunden • Lesebändchen • 331 Seiten
€ 25,00/sFr 40,00 • ISBN 3-934719-13-9

Eine beispiellose Sammlung von teilweise seit langem vergriffenen Jenseits-Erlebnissen aus der Weltliteratur. Wir lernen die individuell und kulturell geprägte Vielfalt solcher Erfahrungen kennen. Gleichzeitig werden in dieser Gesamtschau faszinierende Gemeinsamkeiten und Grundmuster deutlich. Der hohe literarische Rang der Autoren und die Gemälde berühmter Meister machen diese Sammlung zu einem Juwel.

Peter Klein

Der Bilderstern

Spiel der Lebensmöglichkeiten

Taschenbuch • 277 Seiten
€ 59,80 • sFr 98,- • ISBN 3-9522131-0-1
120 Bildkarten in Kassette

Der Bilderstern ist ein Spiel für Menschen, die sich gerne von Bildern anregen lassen, die gerne in Bildanalogien denken, und die ebenso an Versen und Spruchweisheiten der Weltliteratur Freude haben.

zu beziehen :
Deutschland, Österreich: direkt beim Genius Verlag
Schweiz: Peter Klein, Mooshubel, CH-3995 Ernen
Tel: 027/9714376 • ursula.klein@freesurf.ch